京都妙覺寺蔵
日蓮大菩薩日像菩薩絵伝

常円寺日蓮仏教研究所編

平樂寺書店

日蓮大菩薩降誕八百年記念

ごあいさつ

日蓮聖人は承久四年（一二二二）二月十六日、安房小湊に誕生し、十二歳で同国清澄寺に登り、比叡山を始め各地で仏教諸宗を研鑽されました。そして釈尊出世の本懐である法華経の題目「南無妙法蓮華経」による末法の人々の救済を確信し、建長五年（一二五三）、三十二歳の春、立教開宗を宣言なさいました。念仏など他宗を批判したため故郷を追われた聖人は、鎌倉へ出て布教を始め、おりしも続出した天変地異・飢饉・疫病などの災害の対策を講じて『立正安国論』を著します。聖人はこの書で幕府の宗教政策を諫め、蒙古襲来を予言されたのでした。しかし聖人の主張は容れられず、草庵の破却・伊豆流罪・佐渡流罪など数々の法難を招きます。聖人は晩年の九ヶ年を甲斐身延の山中で過ごし、弘安五年（一二八二）十月十三日、武蔵池上の檀越の館で六十一年の生涯を閉じられました。聖人の一生は迫害の連続でしたが、その学徳や人柄を慕う僧俗も多く、現今、日蓮宗（法華宗）の宗祖として仰がれていることは周知のところであります。

ところで私どもの北龍華具足山妙覺寺は、日蓮聖人ならびにその高弟日朗聖人の意を奉じて上洛した日像上人の遺跡であり、高祖日蓮大菩薩・二祖日朗菩薩・三祖日像菩薩と、三師を菩薩号でお呼び申し上げております。当山には、江戸時代の享和年間（一八〇一〜三）に作られた日蓮大菩薩の一代記絵『高祖一代絵図』三十幅が秘蔵されておりました。これはさる平成三十年、日像菩薩生誕七百五十年と小衲の晋山を記念して出版した『日像菩薩徳行略絵伝』と同時期、同信徒（大坂の墨屋甚兵衛ら）により奉納されたものです。本年は日蓮大菩薩降誕八百年の嘉辰に当たっておりますので、ここに本絵伝を公刊し、ささやかな報恩記念事業の一端とすることを思い立った次第であります。

編集に当たっては、前回に引き続き常円寺日蓮仏教研究所の都守基一先生、株式会社イーフォーの熱海秀吉氏にご尽力をいただき、前書と合冊して「日蓮大菩薩日像菩薩絵伝」としました。出版は京都法華宗門書堂として伝統ある平樂寺書店に引き受けていただけることになりました。各位の御芳情に対し、厚く御礼を申し上げます。

なお、両絵伝は現存の諸堂とともに、天明大火後の当山の復興を象徴するものといえます。もちろん今日の視点からは史実とは認めがたい奇瑞伝説の場面も多く含まれておりますが、それらも八百年の間に刻まれた信仰の歴史として価値あるものに違いありません。この出版が宗祖・像師のご生涯を偲ぶ一助となり、またこれら先師鑽仰の歴史を紐解く鍵ともなることを念願しまして、一言ごあいさつとさせていただきます。

令和三年二月十六日

京都本山妙覺寺第八十六世貫首　宮﨑日嚴

目次

高祖一代絵図

凡　例

一、本篇は、享和年間成立の京都妙覺寺所蔵『高祖《こうそ》一代《いちだい》絵図《えず》』三十幅を写真で紹介するものである。

一、各幅に標題を付け、日蓮聖人の事蹟と図の説明文を付し、貼紙とウワマキ墨書の翻刻を示した。

一、各幅の標題は、外題などをもとに私に付した。

一、日蓮聖人事蹟の説明文には、典拠となる日蓮聖人の遺文や伝記を（　）内に注記した。主な文献は、次の通りである。

①『善無畏三蔵鈔』『清澄寺大衆中』などの日蓮聖人遺文（『法華本門宗要鈔』など偽撰書を含む）

②『宗祖御遷化記録』弘安五年（一二八二）日興筆

③『元祖化導記』文明十年（一四七八）日朝述、寛文六年（一六六六）刊

④『日蓮聖人註画讃』永正七年（一五一〇）以前日澄述、寛永九年（一六三二）刊

⑤『日蓮大聖人御伝記』延宝九年（一六八一）刊

⑥『法華霊場記（冠部「蓮公行状年譜」）』貞享二年（一六八五）豊臣義俊述、版行

⑦『本化別頭高祖伝』享保五年（一七二〇）日省述、享保二十一年（一七三六）刊

⑧『本化別頭仏祖統紀（巻三「高祖日蓮大菩薩本紀」）』享保十六年（一七三一）日潮述、版行

⑨『本化高祖年譜』安永八年（一七七九）日諦・日耆述、弘化四年（一八四七）再刊

①は立正大学日蓮教学研究所編『昭和定本日蓮聖人遺文』（昭和六十三年増補版、身延山久遠寺）、②は立正大学編『日蓮宗宗学全書』第二巻興尊全集興門集（昭和三十四年、山喜房佛書林）、③④⑥⑦⑨は日蓮宗全書『日蓮上人伝記集』（昭和四十九年、本満寺再刊）、⑤は小林正博編『日蓮大聖人御伝記』（平成二十四年、USS出版）、⑧は日蓮宗全書『本化別頭仏祖統紀』（昭和四十八年、本満寺再刊）により、（　）内に頁数を記した。

一、表具裏書の翻刻と、各幅の寸法は、巻末に一括して示した。

一、巻末に解題を付した。

一、本篇の編集は、常円寺日蓮仏教研究所の都守基一が行った。調査・校正等に熱海秀吉・稲見悦子・池浦泰憲・川上大隆・佐野湛要の諸氏の協力を得た。

妙覺寺所蔵『高祖一代絵図』全30幅

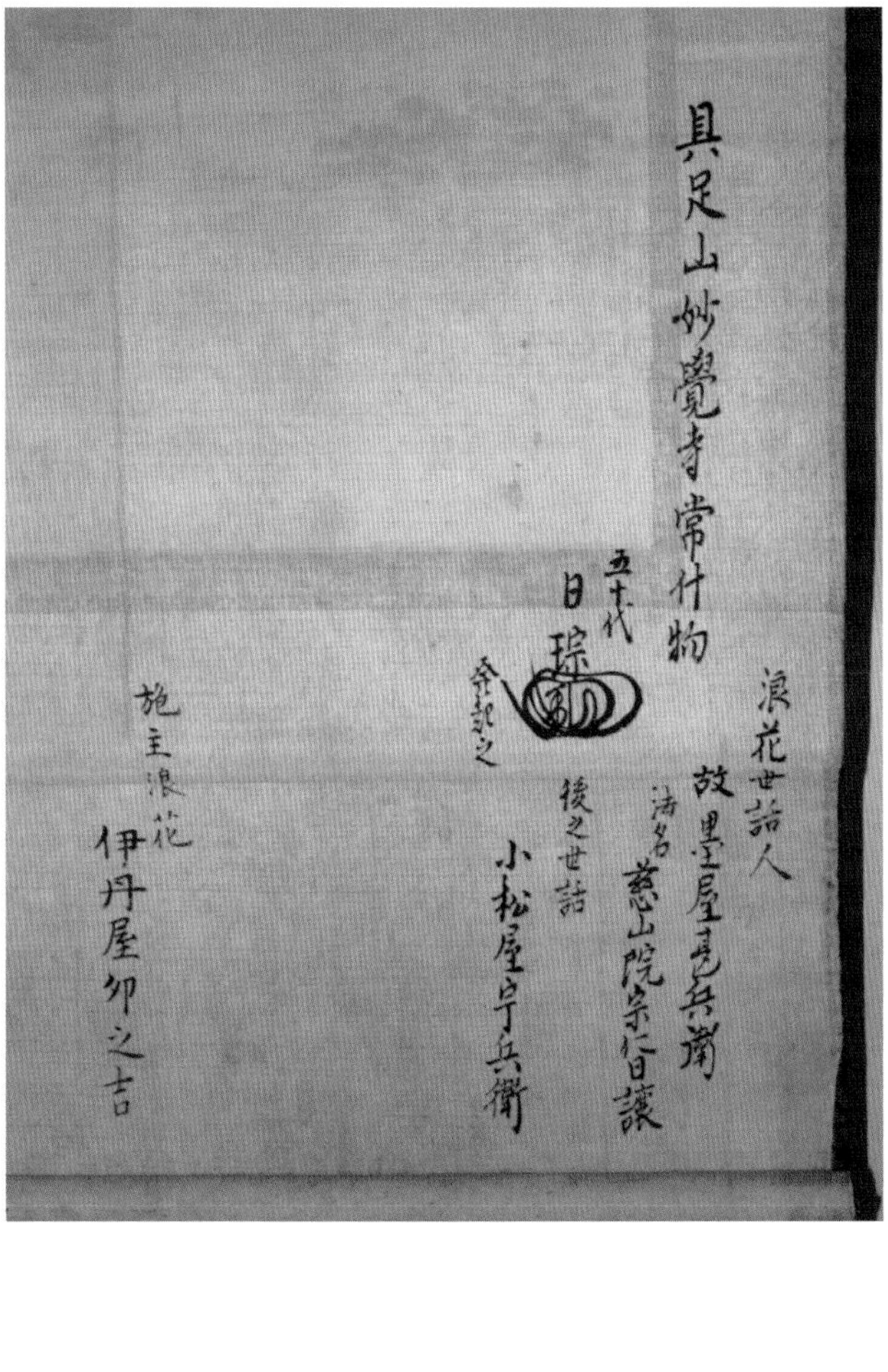

第一幅表具裏書

第九幅表具

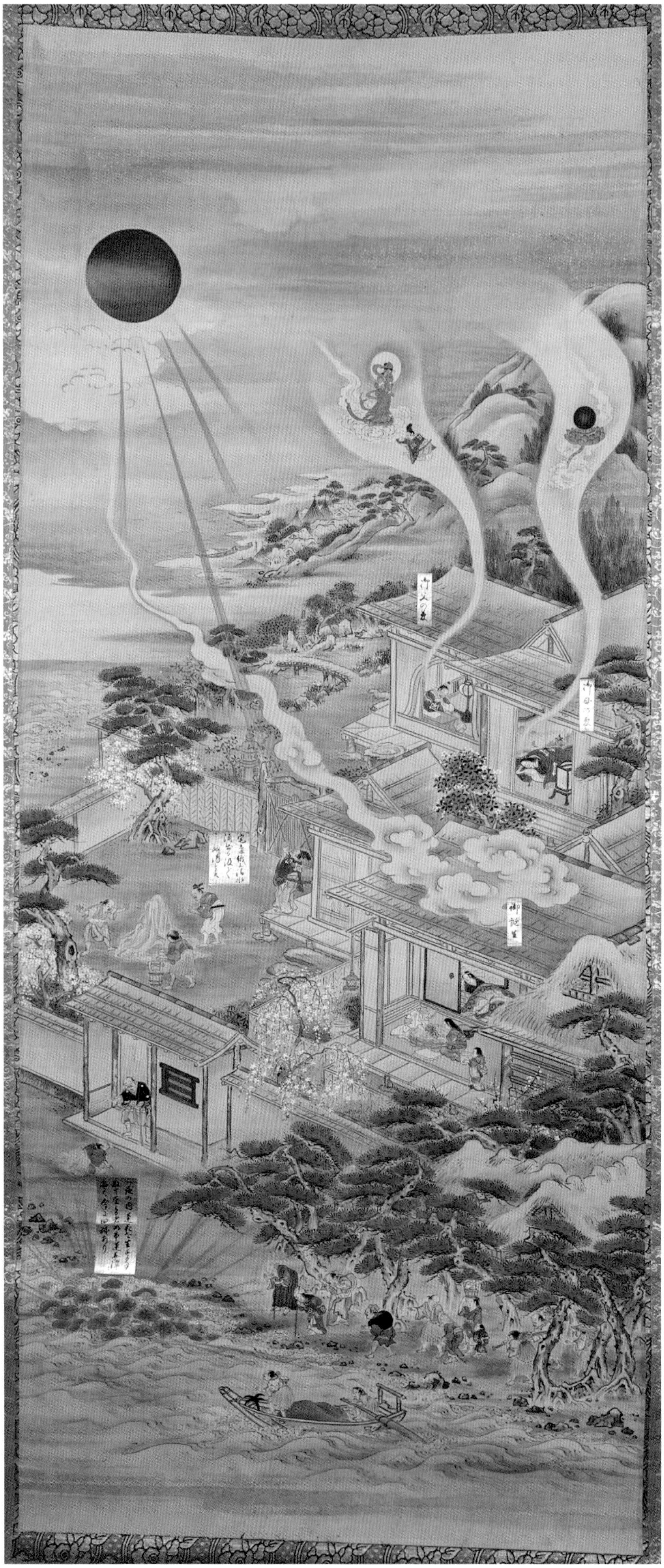

第一幅　御誕生　日蓮聖人は承久《じょうきゅう》四年（一二二二、四月十三日貞応《じょうおう》に改元）二月十六日、安房《あわ》国長狭《ながさ》郡市河《いちかわ》村小湊《こみなと》浦に誕生した。父は藤原姓井伊《いい》氏末裔の貫名《ぬきな》次郎重忠《しげただ》、母は清原氏と伝える（『日蓮聖人註画讃』八二頁）。父は虚空蔵菩薩より見目よき赤児を授かった夢をみた（『日蓮大聖人御伝記』九頁）。母は蓮華に乗った日輪が口に入るのを夢見て懐胎した。また誕生の時、宅辺ににわかに清水が湧き出し、海上には蓮華が十数茎咲いて見物人が市をなした。今に誕生井・蓮華潭《れんげがふち》と伝えているという（『本化別頭高祖伝』二五三頁、『本化別頭仏祖統紀』六〇頁）。

図は、日輪に照らされた海辺の邸宅が舞台。霊夢をみる父母、産湯をつかわされる赤児、見守る母、太陽を拝む父、庭に湧き出る清水、海に咲いた蓮華と驚く人々が描かれている。父は井桁橘《いげたたちばな》の紋服を着ている。

貼紙上より、「御父の夢」、「御母の夢」、「宅邊俄に清水／涌出る汲て／うぶ湯とす」、「御誕生」、「一夜の内蓮花を生する事／数十茎ミる者如市蓮華潭と／名て今に旧跡あり」。表具ウワマキ「御誕生」「一」。

第二幅　御得度・虚空蔵菩薩宝珠　聖人は十二歳で清澄寺《せいちょうじ》に上り、十六歳（十八歳とも）で道善房に就いて出家した。ある時、虚空蔵菩薩《こくうぞうぼさつ》が高僧の姿で現れ、明星のような智恵の宝珠を授けられた。それより学問が大いに進んだ（『善無畏三蔵抄』四七三頁、『清澄寺大衆中』一一三三頁）。

図上段は剃髪得度《ていはつとくど》の場面、下段は虚空蔵菩薩より宝珠を授かる場面。出家後の聖人は緋色の衣姿で描かれる。

貼紙「御得度並ニ虚空／蔵菩薩に智恵を授る圖」。ウワマキ「第弐番／御得道」「二」。

第三幅　程栢宿より叡山へ　聖人は諸宗の教学を学ぶため各地に遊学した。武蔵国程栢《ほどがや》（保土ケ谷）に宿した時、主人が仏像を子供の玩具とし、法華経を襖紙にしているのを訝《いぶか》って尋ねると、わが浄土宗の祖法然《ほうねん》上人の教えによれば、阿弥陀仏と浄土三部経以外は反故《ほご》・木偶《でく》であるという。聖人は鎌倉の光明寺に然阿良忠を訪ね、法然の『選択本願念仏集《せんちゃくほんがんねんぶつしゅう》』等を読んだ。疑問を尋ねたが答えが得られなかったので、聖人はここを辞して、天台宗の総本山である近江比叡山延暦寺を目指した。時に二十一歳であった（『本化別頭高祖伝』二五六頁、『本化別頭仏祖統紀』六五頁）。

図上段は橋のたもとの宿に上がった聖人と従者、中段は黒衣の僧侶のもとを辞して出立する聖人、下段は湖の向こうの寺を目指して山道を行く聖人が描かれている。

貼紙「御年十七鎌倉御遊学の時／程ヶ谷宿にて謗法者の躰を／御覧して歎息し給」、「御年廿一叡山へ登り給ふの圖」。ウワマキ「程栢宿ヨリ叡山」「三」。

第四幅　南都七大寺　聖人は元興寺・興福寺・東大寺・法隆寺・唐招提寺・西大寺・薬師寺の南都七大寺を訪れ、法相宗・華厳宗・三論宗・律宗等の六宗を学んだ（『日蓮大聖人御伝記』一八頁）。二十五、六歳の時のことという（『本化別頭高祖伝』二六一頁、『本化別頭仏祖統紀』七三頁）。

図は春日大社と思われる鳥居を中心に諸寺の堂塔、旅する聖人と従者、神官が描かれる。池の畔に鹿、鳥居の上に猿が群れている。

貼紙「南都七大寺に遊学圖」。ウワマキ「南都／七大寺」「四」。

第五幅　天王寺　聖人は、日本最初の寺院として名高い摂津浪華の四天王寺にも足を運び、ここで聖徳太子の霊応を得たと伝える（『日蓮大聖人御伝記』二二頁、『本化別頭高祖伝』二六五頁、『本化別頭仏祖統紀』七七頁）。

図は、天王寺の石鳥居の前で行商と話す聖人と従者。画面上方には住吉大社らしき神社を目指して港を歩く聖人主従が小さく描かれている。
貼紙「天王寺に遊学之圖」。ウワマキ「天王寺」「五」。

第六幅　京都所々遊学　聖人は京都の東寺で真言宗の秘法を学んだ。この時、北門法華堂の真広法印のもとに寓居した。真広は後、身延山に詣でて改宗し、島原法華寺の開祖となった（『日蓮大聖人御伝記』一六頁、『本化別頭仏祖統紀』一七六頁、二七九頁）。

聖人は佐女牛（醒ヶ井）の八幡社に詣で大黒天を納めた（『日蓮大聖人御伝記』四五頁、『法華霊場記』二二五頁、『本化高祖年譜』三三九頁）。

また藤原為家《ふじわらのためいえ》卿より和歌の伝授を受け、兼ねて書道を学んだ（『本化別頭仏祖統紀』七五頁）。

図の上段は社の扉を開けて拝する場面、中段は東寺法華堂遊学、下段に和歌伝授が描かれている。

貼紙「東寺御遊學之躰」、「眞廣法印の許に寓し給ふ圖」、「爲家卿まみえて／和歌の秘を受給ふ」。ウワマキ「京都所々遊學」「六」。

第七幅　叡山謹学満足　比叡山遊学中、聖人は横川《よかわ》の花芳谷《かほうだに》の定光院《じょうこういん》（華光坊とも）に住し、ここに石塔を建立した（『日蓮大聖人御伝記』一六頁）。聖人は自筆の法華経一部一巻をこの石塔に収めて宗旨建立《しゅうしこんりゅう》を祈願していた。元亀《げんき》の法難の後、この宝塔は他所へ移され、後に京都妙覚寺に移転され花芳塔《かほうとう》と称された（『法華霊場記』三巻八丁表、『北龍華由来及沿革』〈『京都本山妙覚寺史』一一八頁〉）。

叡山で止観《しかん》を凝らし、読経していると、三十番神が現れて守護を誓った（『本化別頭高祖伝』二六三頁、『本化別頭仏祖統紀』七六頁）。

図は、上半分は比叡山諸堂の遠景。下段に花芳塔納経と三十番神示現の場面が描かれている。

貼紙「叡山御遊学」、「法華経一部御書寫あり／法華流布の御祈願をなし／給ふ則花芳塔の御経とハ是也」、「叡山にして御讀経の時異人来て／聴聞する事日々也高祖是を問給へハ／法華守護の三十番神と答へりと云々」。ウワマキ「叡山謹學滿足」「七」。

第八幅　伊勢地　聖人は伊勢神宮に参拝し、一百日沐浴盥漱《もくよくかんそう》して天照太神に弘経《ぐきょう》の誓いを宣べ霊応を得た。宿坊の間《あい》の山常明寺には妙見大菩薩が示現し、以後妙見町と称されるようになった（『本化別頭高祖伝』一六五頁、『本化別頭仏祖統紀』七八〜九頁）。聖人は往来結縁のため、ここに題目石塔を刻んで建てたと伝える（『日蓮大聖人御伝記』四七頁）。

図上段は伊勢神宮の遠景、中段は妙見大士示現の場面、傍らに石塔が描かれている。下段は滝の水に手を差し伸べる図であるが典拠未詳。あるいは五十鈴川で盥漱《かんそう》（手を洗い口をすすいで身を清めること）する図か。

貼紙「伊勢間之町にて／妙見大士示現の圖」、ウワマキ「伊勢地／第八番」「八」。

第九幅　宗旨建立　聖人は三十二歳になった建長《けんちょう》五年（一二五三）四月（三月とも）二十八日、故郷の清澄寺にて立教開宗《りっきょうかいしゅう》を宣言された（『清澄寺大衆中』一一三四頁、『諫暁八幡抄』一八四四頁）。この日の早朝、朝日に向かって合掌し十返ばかり初めて題目を唱えた（『法華本門宗要鈔』二一五九頁、『日蓮聖人註画讃』九〇頁）。午の時、諸仏房の持仏堂の南面にて大衆を前に説法した（『聖人御難事』一六七二頁）。この時、浄土教等の諸宗を批判したため、地頭の東条景信《とうじょうかげのぶ》の怒りに触れ、師の道善房からも勘当されてしまう。聖人は兄弟子の浄顕房・義城房に匿われ清澄寺を下山し（『報恩抄』一二四〇頁、『本尊問答抄』一五八六頁）、西条花房《さいじょうはなぶさ》へ向かった（『元祖化導記』一七頁、『日蓮聖人註画讃』九一頁）。

図上段は山上の聖人が旭日を拝する場面。中段は堂内で説法する聖人と混乱する聴衆。下段は兄弟子らに導かれて山を降りる場面。

貼紙「御年卅二歳建長五年四月／廿八日房州清澄にて宗旨／御弘通発軫之圖」、「同日午時始て折伏御説法の処／東條左衛門景信高祖を害し奉らんとす／師匠道善房なげきわひ給ふ／浄顕義城高祖をかくまひ奉る」、「同夜景信かはからひにて／寺を擯出し奉る経文に／いはゆる遠離於塔寺の御難／なり夫ゟ西條まて立退給ふ」。ウワマキ「宗建」「九」。

第十幅　天変地夭　聖人が鎌倉へ布教に出た建長《けんちょう》八年（一二五六）ころより、康元《こうげん》・正嘉《しょうか》・正元《しょうげん》年間にかけ、大地震・大風雨・飢饉・疫病などの災害が続出し、多くの人々が苦しみ亡くなった（『災難対治鈔』一六五頁）。とくに正嘉元年（一二五七）八月二十七日夜の大地震の惨状は凄まじかった。文永《ぶんえい》元年（一二六四）七月五日には前代未聞の彗星が出現して人々を恐れさせた（『安国論御勘由来』四二三頁、『安国論奥書』四四三頁）。

図の上半分は死体の山に合掌する聖人と飢えや病に苦しむ人々、下半分は地震・火事・洪水により苦しむ人々。最上部に一天にわたる彗星が描かれている。

貼紙「文永元年七月五日／前代未聞大彗星」、「康元正嘉正元之間天変地夭／飢饉疫癘牛馬路にたをれ／骸骨巷にミてる圖」、「康元元年二月大洪水八月／大風雨正嘉元年八月大地／震裂水涌火燃出山崩／屋仆同八月一日大風雨洪水」。ウワマキ「天変地曜（夭）七難」「十」。

第十一幅　岩本経蔵・立正安国論　聖人は駿河岩本実相寺《いわもとじっそうじ》の経蔵に趣いて一切経を閲覧し（『中興入道消息』一七一六頁、『法華本門宗要鈔』二一六〇頁）、災難の由来と対策を考え、『立正安国論《りっしょうあんこくろん》』を著して鎌倉幕府に上申された。文《ぶん》応《のう》元年（一二六〇）七月十六日、時に三十九歳。名越松葉谷《なごえまつばがやつ》の妙法山安国論寺の石窟が、その執筆の場所であると伝えられる（『本化高祖年譜』二七二頁）。

図上段は経蔵に入って一切経を閲読する場面、下段は岩窟にこもって執筆する場面が描かれている。

貼紙「駿州岩本実相寺に入て天変／地夭七難の由来を考給ふ」、「経蔵御考を以於鎌倉／安國論御製作之図」。ウワマキ「立正安国論作／岩本経蔵」「十一」。

第十二幅　松葉谷焼打　『立正安国論』で法然浄土教を批判した聖人は、幕府要人や念仏者らに怨まれ、夜中に小庵を襲われた（『下山御消息』一三三〇頁、『破良観等御書』一二九四頁）。八月二十七日子の刻と伝える（『法華霊場記』二二七頁）。聖人は御猿畠《おさるばたけ》の山王堂（法性寺）の岩窟に逃れ、数日を過ごした。この間、山王社の使いである猿たちが朝夕食べ物を運んだ（『本化別頭高祖伝』二七二頁）。

図は大勢に攻め込まれ炎に包まれる法華堂と、山上に逃れる聖人。画面上方には社殿傍らの岩窟で猿の供養を受ける聖人が描かれている。

貼紙「御猿畠山王堂にて／猿猴御供養申奉る」、「御猿畠へ立のき給ふ処」、「鎌倉諸宗門の僧俗憎ミ奉りて／松葉ヶ谷法花堂を焼打にし奉る／御年卅九歳也」。ウワマキ「松葉谷焼打」「十二」。

第十三幅　富木氏新堂・神道伝授

松葉谷《まつばがやつ》の法難後、聖人は下総中山《なかやま》の富木《とき》常忍《じょうにん》のもとに赴いて百座の説法を行い、法華堂に一尊四菩薩像を安置した（『法華霊場記』二二七頁、『本化別頭高祖伝』二七二頁）。中山法華経寺《ほけきょうじ》の濫觴である。

その後、伊勢に赴き、吉田兼益より神道の秘事を伝授された（『長禄寛正記』、『本化別頭高祖伝』二七三頁、『本化別頭仏祖統紀』一〇四頁）。

図上段は高座で説法する聖人と聴聞する男女、下段は社殿にて神官より巻軸を受け取る聖人が描かれている。

貼紙「富木殿の新堂を造りて高祖ニ奉る／此処ニて御説法あり又改宗の者多し」。

ウワマキ「第拾三／富木氏新堂」「十三」

第十四幅　豆州伊東浦　弘長《こうちょう》元年（一二六一）五月十二日、聖人は伊豆伊東へ流罪にされた（『聖人御難事』一六七三頁）。由比ヶ浜より船出の時、弟子日朗一人が随従しようとしたが果たせなかった（『日蓮聖人註画讃』九七頁）。着岸した加茂郡の篠海浦《ささみがうら》では岩に題目を墨書した（『日蓮大聖人御伝記』四九頁）。配所の川奈《かわな》では船守弥三郎夫妻より食事・洗足・手水など懇ろな供養を受けた（『船守弥三郎許御書』一二二九頁）。また地頭伊東朝高《ともたか》の病気平癒を祈り、海中出現の立像釈迦仏を献じられた（『日蓮聖人註画讃』一〇二頁）。

図は上から、①海岸の岩に題目を書く図、②岩屋の中で夫婦の給仕を受ける図、③立像釈尊の前で読経する図、④由比ヶ浜船出の図。

貼紙「豆州さゝみか浦海岸の岩／に題目を書給加茂郡に有」、「篠海か浦に御着船河奈と／申処に船守弥三郎なる人あり／迎へ奉りて洗足等念比にあたり／て御供養申せし躰」、「伊藤朝高病気御祈念ありて／平癒によりて海中出現之立像／釋迦佛を布施し奉る則随身／佛と号け奉る者是也」、「弘長元年御歳四十五月／十二日伊豆伊東御左遷」、「日朗聖人御供を願被申候へ共／ゆるしなく歎入給ふを船中ゟ／高祖御いさめありてとも綱／をとき給ふの図」。ウワマキ「豆州／伊東浦」「十四」。

第十五幅　房州帰郷　文永元年（一二六四）、聖人は故郷安房へ帰り、父の墓に詣で、老母を見舞った。折しも重篤に陥り息を引き取った母は、聖人の祈禱によって蘇生し、四ヶ年の寿命を伸ばした（『可延定業御書』八六二頁、『伯耆公御房御書』一九〇九頁）。この時、松の下に壇を設けて祈禱したと伝える（『本化別頭高祖伝』二七四頁、『本化別頭仏祖統紀』一〇七頁、『本化高祖年譜』三八〇頁）。

時に房総一円に疫病が流行していた。聖人は白布に経題を書いて海に浮かべ、船で曳かせて疫神を去らせた（『本化別頭仏祖統紀』一〇七頁）。また護符を井戸に投じて人々に飲ませたところ、病者はみな平癒したと伝える（『本化高祖年譜』三八〇頁）。

図は上より、①白布を船で曳かせる場面、②井戸に護符を投じる場面、③父の墓参、④母の病気平癒を祈る場面。

貼紙「又白布に南無妙法蓮花経と書て／海上にうかへて疫神を送り給ふ」、「其年房州の地大に疫病はやりて／人民あまた死したるに護符を書して／井に投して是を飲しめ給ふに病人皆癒ゆ」、「文永元年御歳四十三御生國／房州ニかへり給て御父の御廟／を拝し給ふの図」、「御母堂七十餘歳也高祖別離の情を述て／なくさめ給に頓に病て死去し給へり因て松樹の／本に壇をかまへて祈念し浄水を御口にそゝき／給へは蘇生ありて四ヶ年延寿し給ふ」。ウワマキ「御母公蘇生」「十五」

第十六幅　小松原　十一月十一日夕刻、聖人一行は東条松原大路（小松原《こまつばら》）で東条景信《とうじょうかげのぶ》ら念仏者の襲撃を受けた（『南条兵衛七郎殿御書』三二六頁）。弟子鏡忍房《きょうにんぼう》が討ち死にし、乗観房・長英房が大傷を受けた（『日蓮聖人註画讃』三八頁、『本化高祖年譜』三八〇頁）。天津《あまつ》城主の工藤左近丞吉隆《くどうさこんのじょうよしたか》が聖人を救いに来たが、討ち死にしてしまった。聖人は眉間に三寸の創を負い、忠吾・忠内なるものが出迎えて水を掬い傷を洗った。花房蓮華寺傍らの洗創井がこれである（『本化別頭仏祖統紀』一〇八頁）。

図は、景信の太刀を受ける聖人を中心に、多くの人物が入り乱れる戦闘場面。下部には井戸水で眉間の傷を洗う聖人が描かれている。

貼紙「房州小松原御難之図／御弟子境忍房討死／乗観房長英房大ニ／創をかうふる」、「工藤左近之丞高祖を救後に討死」、「東條景信」、「高祖御創洗之図」。ウワマキ「小松原」「十六」。

第十七幅　富士山納経・松葉谷召し取り　文永六年（一二六九）、聖人は甲州吉田に赴き、富士山の半腹に法華経を納めた。これにより経ヶ嶽の称が生まれた（『本化別頭仏祖統紀』一一六頁）。

文永八年（一二七一）九月十二日、聖人は平左衛門尉頼綱《へいのさえもんのじょうよりつな》に率いられた役人に松葉谷の草庵を襲撃され逮捕された（『種種御振舞御書』九六二頁）。

馬に乗せられて刑場に連行される途中、一人の老婆が胡麻餅を捧げた。聖人は哀れんでこれを受けた（『本化別頭仏祖統紀』一二五頁、『本化高祖年譜』四〇四頁）。

図の上段は富士山納経、中段は松葉谷の召し捕り、下段は胡麻餅供養の場面。

貼紙「松葉谷法花堂文永／八年九月十二日めし取の圖」。ウワマキ「松葉谷」「十七」。

第十八幅　龍ノ口　御年五十歳の聖人は龍口《たつのくち》の首の座に引き据えられた。江ノ島の方より月のような光り物が現れ（『種種御振舞御書』九六七頁）、後の山の松の大木に掛かった。越智三郎左衛門直重がまさに聖人の頭を刎ねようとした時、太刀は三つに折れて地に落ちた。直重は手足が動かず、警固の武士たちは驚いて、地に伏し、馬上にうずくまるものもあった。この夜、鎌倉の殿中にも大地が震動し、大星が落ちるなどの怪異があり、空中に「正法の行者を失えば子孫が滅び国土も亡びる」と声がしたので、驚いた執権時宗は赦免状を作って龍口へ使者を遣わした。双方の使者は金洗沢《かねあらいざわ》で行き会った（『日蓮聖人註画讃』一四一頁）。行合川《ゆきあいがわ》というのはこのためである（『本化別頭仏祖統紀』一二六頁）。

図の上段は鎌倉御所の怪異、下段は龍口首の座、両者を繋ぐように中段に行合川が描かれる。

貼紙「同夜龍口御難之処御年五十歳／依智の三良左衛門直重刀を執て高祖／を斬んとする時神光満月ことくに／して東南より空にわたり来て後の／松にかゝりしハらくありしに依て／武卒戦慄して驚き大地たをれ／馬上にうつくまり或は血を吐更に／遠く立退て終御難ハのかれ給ふ処」、「龍の口よりも怪異ありて斬罪／行ひかたき趣を申述て鎌倉殿へ遣ス／双方よりの使者此金洗沢ニ而行合／しより今に行逢の川と名け侍る」、「文永八年九月十二日夜鎌倉殿館／震動怪星落虚空に声有て／呼ふ云云　因而赦免状を作りて／龍の口へ使者を遣ス」。ウワマキ「龍ノ口」「十八」。

第十九幅　依知星降・宿屋土牢　翌日、龍口より依知《えち》の本間《ほんま》六郎重連《しげつら》の館に移された聖人は、十三夜の月に向かって自我偈を読み、なぜ法華経の行者を守護しないのかと諫めた。それに答えるように明星のような大星が下って、庭の梅の枝にかかった。侍たちは縁側より飛び降り、大庭にひれ伏した（『種種御振舞御書』九六九頁）。その場で数珠を切って捨て受法するものもあった（寛永九年版『日蓮聖人註画讃』四巻二丁裏）。

佐渡への護送を控えた十月三日、聖人は鎌倉の土籠に幽閉された筑後房日朗らの弟子へ書状を送り、寒苦を労り、明年の再会を約した（『五人土籠御書』五〇六頁）。鎌倉の土牢は、宿屋《やどや》入道の邸内にあり、日朗・日真、俗四人の計六人が召し籠められていたという（『日蓮聖人註画讃』一四〇頁、『本化別頭仏祖統紀』一二七頁）。

図の上三分の二は依知星下りの奇瑞。下三分の一は土牢の六人が書状を受け取る場面が描かれている。

貼紙「九月十三日龍口より依智に移り給ふ／本間六郎之館にて明星天子降り給ふ／是を見る人々珠数切て宗門を改め／参らする趣高祖へ申上る図」、「鎌倉宿谷土牢之図」。ウワマキ「星隆之図」「二十」。

第二十幅　角田浜　文永八年十月二十六日、聖人を乗せた舟は越後寺泊《てらどまり》より配所の佐渡へ向かったが、逆風のため角田浜《かくだはま》に押し戻されてしまった。角田山麓に七頭の毒蛇があって人畜を害していると聞いた聖人は、経文を書いた石を投げて毒竜を退治したと伝える（『本化高祖年譜』四一五頁）。

翌々日、船はまたも暴風高波に見舞われたが、聖人が自我偈を誦すると青衣赤衣の二童子が来たり波が静まった（『日蓮聖人註画讃』一五一頁）。聖人は波の上に棹で題目を大書し海神に酬いた。その長さは数十丈で五百年来消えることはない。晴れた日に角田山上から眺望すれば山には岩題目、海には波題目が直下に現前するという（『本化別頭高祖伝』一七八頁、『本化別頭仏祖統紀』一二九頁）。

図の上段は船中より荒れる波上に棹で題目を大書する図。中段は七頭の毒竜を退治する図。下段の机上に紙を広げ武人に対している図は典拠未詳ながら、武人の装束が中段で聖人に侍する人物と同じである。あるいは経文を書いた紙で石を包み（下段）、それを毒蛇に投げたものか（中段）。

貼紙「佐渡御難松ヶ崎御着船／にて樹の穴に宿し給ふ図」（第二十一幅下段の絵の説明が誤って貼られている）。ウワマキ「佐渡流」「二十」。

第二十一幅　松ヶ崎樹洞・塚原配所　十月二十八日、聖人は佐渡国松ヶ崎《まつがさき》に着いたが、宿を貸す人もなく、ケヤキの大木の洞《うつろ》に数日を過ごした（『日蓮大聖人御伝記』一二四頁）。この地の春日大明神社より白髪の老翁が現れ、聖人に供養を捧げた（『本化別頭仏祖統紀』一三二頁）。海岸の石に首題を書し広布の地としたと伝える（『本化高祖年譜』四一五頁）。

十一月一日、聖人は佐渡守護代本間重連《ほんましげつら》の館の後方の塚原《つかはら》という山野に移された。住居は墓地の中の寒風吹きすさぶ一間四面のあばら屋である（『種種御振舞御書』九七一頁）。阿仏房・千日尼夫妻が夜中に人目を忍んで食物を運んだ（『千日尼御前御返事』一五四四頁、『国府尼御前御書』一〇六三頁）。

図の上段は塚原三昧堂で阿仏房夫妻の供養を受ける図。下段は松ヶ崎樹洞の図。海岸に経題石らしき岩が描かれている。

貼紙「塚原御配所の躰」、「阿仏房千日尼／夜々人しづまりて／食事を贈り来て／御供養ありし躰」。ウワマキ「塚原」「廿一」。

第二十二幅　塚原問答・一谷　文永九年一月十六日、諸宗諸国の僧侶数百人が塚原三昧堂に集まり、守護代本間重連立ち会いのもと聖人に法論を仕掛けたが、ことごとく言い負かされてしまった。問答の後、聖人は本間重連を呼び返して、「近く鎌倉で戦があるから急ぎうち上って手柄を立てよ」と勧めた。聖人の予言どおり二月十一日と十五日、鎌倉と京都で北条氏一門の内紛が起こった。この知らせは十八日に佐渡へ届いた。その夜、重連は早舟にて一門を連れて鎌倉に向かった。これを機に重連はじめ島民は聖人を畏敬するようになった（『種種御振舞御書』九七四～六頁）。

聖人は石田郷一谷《いちのさわ》の名主である一谷入道の館に身柄を移され（『一谷入道御書』九九四頁）、文永十年四月にはここで『観心本尊抄《かんじんほんぞんしょう》』を著し、七月には大《だい》曼荼羅《まんだら》本尊《ほんぞん》を始顕された。

配流四年目となる文永十一年、頭の白いカラスが飛び来たり、聖人は赦免の近いことを予見された（『光日房御書』一一五五頁）。

図は上より①塚原問答、②本間重連に合戦を予言する場面、③本尊図顕、④頭の白い烏が現れた図。ウワマキ「廿二番／塚原問答」「廿二」。

第二十三幅　赦免状・越後だらに町・鎌倉　文永十一年二月十四日発行の赦免状は、三月八日に佐渡島に届いた（『種種御振舞御書』九七八頁）。赦免状を届けに来た日朗は、途中の坂で力つき、石に寄りかかったまま立つことができなくなった。しかし声は三里離れた謫居《たっきょ》に徹し、聖人は弟子に松明を持たせて出迎えさせた。この場所は日朗坂と呼ばれ、赦免石が今に残るという（『本化別頭仏祖統紀』一四四頁）。

鎌倉への帰路、越後府中を通った時（『光日房御書』一一五五頁）、真言古寺の毘沙門天像が翁の姿となって聖人を出迎え、寺主が改宗して高田日朝寺となったという。またこの地の川原の小石に聖人が法華経の陀羅尼品《だらにほん》を書したことから、陀羅尼町の名が起こったと伝える（『本化別頭仏祖統紀』一四五頁）。

鎌倉へ戻った聖人は四月八日、平左衛門頼綱と対面し（『光日房御書』一一五五頁、『報恩抄』一二三九頁）、蒙古襲来の近いことを警告し、真言師による祈禱を止めるよう進言した（『撰時抄』一〇五三頁、『高橋入道殿御返事』一〇八八頁）。頼綱は鎌倉西御門の愛染堂別当に補し、一千町の寺地を寄進しようとの上意を伝えたが（『日蓮聖人註画讃』一六九頁）、三度の諫言が容れられないと知った聖人は、鎌倉を去り山林に入る決心をした（『光日房御書』一一五五頁、『報恩抄』一二三九頁）。

図は上段は赦免状到来、中段は高田毘沙門天、下段は執権の御前で平左衛門に諫言する図。ウワマキ「第廿三　赦免状／越後たらに町」「廿三」。

第二十四幅　身延入山　文永十一年（一二七四）五月十二日に鎌倉を発った聖人は、五月十七日に甲斐身延山《みのぶさん》に着いた（『富木殿御書』八〇九頁）。領主の波木井実長《はきいさねなが》は大いに喜んで、息子や親族を率いて聖人を出迎えた。その場所には発軫堂《ほっちんどう》が建てられた（『本化別頭仏祖統紀』一五〇頁）。六月十七日、西谷《にしだに》に仮の庵室が建てられた（『庵室修復書』一四一〇頁）。身延山久遠寺《くおんじ》の開闢である。

図の下段は身延山に分け入り波木井公の出迎えを受ける場面、中段は庵室で執筆する場面、上段は山中の松樹の枝に袈裟を掛ける場面が描かれている。

上段の袈裟掛松は、妙石坊と追分の間にある「袈裟掛松祖師堂松樹庵」（大正七年刊身延山絵図）と思われるが、本図がよった文献は不明。

貼紙「文永十一年五月十七日身延山へ／御入り波木井との御迎の図」。ウワマキ「入身延」「廿四」。

第二十五幅　奥之院・高座石・鏡の御影　身延山頂は見晴らしがよく、はるか房州の岬までが遠望できた。聖人は時折五十余丁の山道を分け登り、故郷の両親の墓を遙拝した。後に堂塔が起てられ大孝院また奥之院と称された（『本化別頭仏祖統紀』一五二頁）。

身延の渓間に巨石があり、聖人がここに坐して説法していた時、二十才ばかりの婦人が聴聞に来ていた。波木井氏がこれを疑い、聖人が正体を現すよう促して花瓶の水を与えると、女は一丈余りの蛇身となって花瓶に巻き付いた。妙《みょう》石庵《せきあん》の七面大明神示現の姿であった（『本化別頭仏祖統紀』一六四頁）。

身延山で聖人に仕えた稚児に、後に京都開経の祖となる日像があり経《きょう》一《いち》麻呂《まろ》と称していた（『本化別頭仏祖統紀』一五四頁）。聖人は鏡に写しながら自らの頭像を刻んで経一麻呂に与え、京都弘通が成就した暁に胴体を刻んで全身とせよと命じた。妙覚寺安置の「鏡《かがみ》の御影《みえい》」がこれであると伝える（日甕『龍華年譜』、妙覚寺所蔵『日像菩薩徳行略絵伝』）。

図は上より①身延山頂より故郷を遙拝する図、②高座石と七面大明神示現の図、③自像彫刻の図。

貼紙「高祖一日二三之弟子と荊棘を／開て山の頂をきハめたまふに／豆総駿相之地直下に列る中ニ／房州の長岬をミゆ是高祖の／故郷考妣の塚の在し所也依て／想慕潸然として衣を湿し／給ふこれよりして時々此ニ至りて／父母の御墓に手向をなし給へり／大孝は終身父母を慕ふと是／歟因て其地に後に塔を造りて／供養す大孝地と申也世に奥院／と呼ハ是也」、「建治三歳御年五十六身延の渓間に／一の大石あり高祖是に坐して時々に／説法し給へり一時一婦人年廿はかり／なるか来て法を聞て供養し給仕／し奉る檀越南部氏偶来り心に／是を疑ふ高祖大士其念を察し／女に命して本形をあらはせよと／のたまふに此時に女一滴の水を得んと／請ふ高祖侍者に命して花瓶を／授け給へハ其水をうけて忽に／一丈餘の蛇身とあらはれ首を矯舌を／吐は南部氏人々も大ニ驚愕して／おそれ走んとす高祖命して女に／なれよと仰あれハ則さきの女人／となりぬかたりて曰吾師ハ親り／塔中の別命を受て万世の導／師となり給ふ我も又佛教を受て／此妙法を守護し奉り持者の二世／の願を満足せしむ也といふ則／七面大明神是也」。ウワマキ「身延山／高座石」「廿五」。

第二十六幅　小室法論・石和鵜飼供養　文永十一年、聖人は甲州各地を遊化した。小室《こむろ》では、慧朝善智という真言の修験者と議論し法力を争った。善智は後に聖人に帰依して日伝と改名し、小室妙法寺・身延志摩坊の祖となった（『本化別頭仏祖統紀』一五〇頁、一五八頁）。聖人と善智は巨石を空中に浮かせて法力を争ったと伝える（『高祖累歳録』『高祖紀年録』の挿絵）。

石和《いさわ》では、孤独地獄で苦しむ鵜飼の亡霊を供養するため、妙経一部を一字一石に書写して川に投じた。後世、ここに遠妙寺《おんみょうじ》が建てられた（『本化別頭仏祖統紀』一五一頁）。

図の上段は小室の善智との法力比べ、下段は石和鵜飼供養の図。

貼紙「文永十一年御年五十三五月に／鎌倉を立て甲州に入給ふ」、「又同州小室に善智といへる／名高き修験者あり高祖大士／日朗日興を従へて往て法門／を論し給に善智口をつ／くむ又法力をたくらべて石を／祈るに善智かつ事あたはず／即弟子となる中老日傳是也／右其大石に趺坐して説法／四衆を教化し給へり」、「同月伊佐和に至り宿を求給に／吾祖なる事を察してにくミて／ゆるさず川に従て行給ふに／鬼苦嶋といふあり一老翁七八十／はかりなるが宿をかし参らせんと／いふ入て宿し給ふに翁のいはく／我等鵜遣を業とし侍り殺生の／罪重くそんし候あはれ〳〵上人／意あらせ給へと申に依りて高祖／念比に申聞せ給へりけれハ老翁／忽に鬼形となりてきへうせ家も／又見え侍らす唯河上ニ鵜をつかふて／苦をうくる聲のミあり吾祖ハ／其幽魂なる事をしり給て三日／まてとゝまりて一石ニ一字の経を／書川にうち入て手向給へハ其夜／又老翁形をあらはし我幸に／師の御手向に値ひ奉り悪道の／報ひをまぬかれ候事のありかた／さよと慇懃ニ謝し奉りて去ぬ／後に此地に寺を造れり今の石和／の遠妙寺是也」。ウワマキ「小室并鵜飼圖」「廿六」。

第二十七幅　蒙古幡曼陀羅　弘安四年（一二八一）五月、蒙古の大軍四千余艘数十万人が日本に侵攻して来た。執権北条時宗に護念を乞われた聖人は、旗曼荼羅を揮毫して将軍惟康親王に献じた。八月、宇都宮貞綱が旗曼荼羅を奉じて西海に赴くや、颱風が起こって蒙古軍は敗退し去った（『本化別頭高祖伝』二九三頁、『本化別頭仏祖統紀』一七八頁）。

図は嵐に沈む蒙古の軍船と、日輪・四天王・八大龍王をあしらった旗曼荼羅を押し立てて激しく矢を射かける日本軍が、画面一杯に描かれている。

貼紙「弘安四年高祖六十歳大元蒙古／より兵船数千艘賊兵数十万／人筑紫ニ着く北條時宗高祖の／数度の御考之趣符合せるに／付御救護を乞奉るよつて／高（祖）旛曼荼羅を圖して時の／大将軍惟康親王へ献し給ふ／則宇都宮貞綱親王の先駆／として旗曼荼羅をたて、往／八月西海に着す大風起て／賊船悉く破れ賊兵溺死／之圖右旗曼荼羅今江戸／本所最教寺預り申処也」。ウワマキ「幡曼陀羅利益」「廿七」。

第二十八幅　池上御入滅　弘安五年（一二八二）十月十三日辰の刻（朝八時頃）、日蓮聖人は武蔵池上の檀越の館で入滅された。御年六十一（『宗祖御遷化記録』一〇二頁）。臨終の床に直筆の大曼荼羅が掲げられ、傍らに年来随身の釈迦立像が立てられた（『元祖化導記』五八頁）。

図の上段は池上本門寺の遠景、下段は御入滅の図。ウワマキ「御入滅」「二十八」。

第二十九幅　御葬式　翌十四日子の刻（午前〇時頃）、聖人の御遺骸は荼毘《だび》に付された。先頭の松明は鎌倉の次郎三郎、次の大宝華は富士上野の四郎次郎というように、荼毘所へ向かう葬列の次第と役配が定められた。棺は輿に乗せられ、前陣を日朗、後陣を日昭が勤め、前後八人ずつの弟子が従った（『宗祖御遷化記録』一〇二頁）。俗弟子は比企大学・富木常忍・荏原義宗・池上宗仲兄弟・大田乗明・秋元太郎・平賀忠晴・四条頼基兄弟らであった（『本化別頭高祖伝』三〇四頁、『本化別頭仏祖統紀』一八九頁）。

画面一杯に荼毘所へ向かう葬列が描かれている。

貼紙「池上御送葬之圖／前大國阿闍梨日朗師／後辨阿闍梨日昭師／大學殿富木殿荏原／義宗池上宗仲兄弟／大田乗明秋元太郎平／賀忠晴四條金吾兄弟／其外御弟子檀越御／供数多略之」。ウワマキ「御葬式」「廿九」。

第三十幅　御収骨・御廟・御書目録　火滅已後《かめつい》収取舎利《ごしゅうしゅしゃり》の儀の後、遺命にしたがって聖人の御遺骨は身延山へ運ばれた。一行は十月二十一日に池上を出て、二十五日に身延山に着いた。二十九日に日法が聖人の木像を刻み、四十九日忌に御影堂に遷座し、百箇日忌に廟を起て御骨を納めた。一周忌に門下は、聖人より賜った御書を持ち寄って池上本門寺に集まり、日昭が筆受となって百四十余通の御書目録が作られた（『日蓮聖人註画讃』一八二頁）。

図は、上より収骨、お骨を運ぶ図、身延山の御廟、御書目録作成の図。

貼紙「池上御灰寄之図」。ウワマキ「御納骨」「卅」。

表具裏書

〈第一幅〉
具足山妙覺寺常什物
五十代　日琮（花押）
発起之
浪花世話人　故墨屋甚兵衛
法名　慈山院宗仁日譲
後之世話　小松屋宇兵衛
施主浪花　伊丹屋卯之吉

〈第三幅〉
具足山妙覺寺常什物
五十代　日琮（花押）
發起之
浪華世話人　故墨屋甚兵衛
法名　慈山院宗仁日譲
後主宰　小松屋宇兵衛
施主浪花　貝塚屋半兵衛

〈第六幅〉
具足山妙覺寺常什物
日琮（花押）
發起之
浪華世話人　故墨屋甚兵衛
法名　慈山院宗仁日譲
後主宰　小松屋宇兵衛

〈第七幅〉
具足山妙覺寺常什物
日琮（花押）
發起之
大坂世話人　故墨屋甚兵衛
法名　慈山院宗仁日譲
後主宰　小松屋宇兵衛
施主浪花　大坂屋三木女

〈第九幅〉
具足山妙覺寺常什物
日琮（花押）
發起之
大坂世話人　故墨屋甚兵衛
法号　慈山院宗仁日譲
後主宰　小松屋宇兵衛
先祖代々精霊
施主　讃州高松　冨山氏　自清　百女　現安後善

〈第十幅〉
具足山妙覺寺常什物
五十代　日琮（花押）
發起焉
世話人　浪華住　故墨屋甚兵衛
慈山院宗仁日譲
後之世話　小松屋宇兵衛

〈第十一幅〉
具足山妙覺寺常什物
傳燈第五十　日琮（花押）
發起之
浪華世話人　故墨屋甚兵衛
法名　慈山院宗仁日譲
後主宰　小松屋宇兵衛

〈第十二幅〉
具足山妙覺寺常什物
五十傳法　日琮（花押）
發起之
浪花世話人　故墨屋甚兵衛
法名慈山院宗仁日譲
後之主宰　小松屋宇兵衛

〈第十四幅〉
具足山妙覺寺常什物
五十代　日琮（花押）
発起之
浪華世話人　故墨屋甚兵衛
法名慈山院宗仁日譲
後之世話　小松屋宇兵衛
妙照信女
妙瓊信女　為菩提
施主讃州高松　冨山宗有　現安後善

〈第十五幅〉
具足山妙覺寺常什物
日琮（花押）
発起之
浪華世話人　故墨屋甚兵衛
法号慈山院宗仁日譲
後之世話　小松屋宇兵衛

〈第十六幅〉
具足山妙覺寺常什物
発起　日琮（花押）
世話人大坂　故墨屋甚兵衛
慈山院宗仁日譲
後主宰　小松屋宇兵衛
先祖代々精霊
施主讃州高松
冨山氏　哥童女　須美女　現安後善

〈第十八幅〉
具足山妙覺寺常什物
不測　日琮（花押）
発起之
浪華世話人　故墨屋甚兵衛
法名慈山院宗仁日譲
後之世話　小松屋宇兵衛
施主浪花　油屋利右エ門

〈第十九幅〉
具足山妙覺寺常什物
発起五十代　日琮（花押）
世話人浪華　故墨屋甚兵衛
法名慈山院宗仁日譲
次之主宰同所　小松屋宇兵衛

〈第二十一幅〉
具足山妙覺寺常什物
日琮（花押）
発起之
浪華世話人　故墨屋甚兵衛
法名慈山院宗仁日譲
後之世話　小松屋宇兵衛

施主浪花　和泉屋卯吉

〈第二十二幅〉

奉寄進塚原問答御繪一幅
備之前州蓮昌寺八日搆衆
　現主四十世　日遼
為
　双親　勇猛院則精日進
是則院妙精日持
止静院既白道隆日玄　桔梗屋長次良
霊鷲院際柳日雲霊　良護
究竟院妙等日壽　仁尾屋藤十良
逞成院妙修信女　永祥
修光院義照信士　尾上屋與市良
露月院妙耀信女　保孝
智達院随圓日相　吉田屋十良右エ門
延壽院栄昌日長　隠士　仁齋
壽量院道遊信士　深屋平左衛門
顕本院妙實信女　隠士　道恵
随應院宗宇日善　仁尾屋平兵衛
善修院妙随日行　軌正

〈第二十三幅〉

京都本山妙覺寺永代常什奉納
一幅備陽岡山妙勝寺
　卅八世　日定
一金百疋　舛屋嘉七
寿量院宗長日友
良達院妙玄日義
順正院善覺日證
随正院妙善日意
善徳院道仁日了
慈光院妙仁日縁
修玄院了道日喜
蓮誉妙本信女

〈第二十五幅〉

具足山妙覺寺常什物
五十代　日琮（花押）
発起之
浪華世話人　故墨屋甚兵衛
法名慈山院宗仁日譲
後之主寄（宰）　小松屋宇兵衛
施主浪花　中筋屋藤兵衛
同母智順

〈第二十六幅〉

具足山妙覺寺常什物
五十代　日琮（花押）
所願也
浪華世話人　故墨屋甚兵衛
法名慈山院宗仁日譲
後主宰　小松屋宇兵衛

〈第二十七幅〉

具足山妙覺寺常什物
発起
五十代　日琮（花押）
大世話浪華　故墨屋甚兵衛
法名慈山院宗仁日譲
後之主宰同所　小松屋宇兵衛

〈第二十九幅〉

具足山妙覺寺常什物
発起
五十代　日琮（花押）
大世人大坂　故墨屋甚兵衛
慈山院宗仁日譲
後之世話　小松屋宇兵衛
施主浪花　扇屋美代女
法名　妙祐

〈第三十幅〉

具足山妙覺寺常什物
五十代　日琮（花押）
発起之
施主浪花　備前屋満喜女
世話人浪華　故墨屋甚兵衛
法名慈山院宗仁日譲
後之主宰　小松屋宇兵衛

各幅寸法（縦×横cm）

第一幅	一一三・七×四八・五
第二幅	一一二・六×四八・三
第三幅	一一三・二×四八・三
第四幅	一一二・九×四八・二
第五幅	一一三・〇×四八・一
第六幅	一一三・二×四八・四
第七幅	一一二・八×四八・四
第八幅	一一二・六×四八・一
第九幅	一一二・九×四八・一
第十幅	一一三・〇×四八・四
第十一幅	一一三・二×四八・三
第十二幅	一一二・九×四八・三
第十三幅	一一二・九×四八・四
第十四幅	一一三・二×四八・二
第十五幅	一一二・八×四八・三
第十六幅	一一二・七×四八・三
第十七幅	一一三・〇×四八・二
第十八幅	一一二・八×四八・三
第十九幅	一一二・九×四八・二
第二十幅	一一二・八×四八・三
第二十一幅	一一三・一×四八・二
第二十二幅	一一二・五×四八・〇
第二十三幅	一一二・七×四八・三
第二十四幅	一一三・〇×四八・二
第二十五幅	一一二・四×四八・二
第二十六幅	一一二・六×四八・二
第二十七幅	一一二・七×四八・二
第二十八幅	一一二・八×四八・二
第二十九幅	一一二・八×四八・二
第三十幅	一一三・〇×四八・一

解　題

京都妙覚寺所蔵『高祖一代絵図』三十幅は、昭和四十八年八月、七十七世及川真学貫首代に妙覚寺より発行された『京都・北龍華妙覚寺文書目録』（立正大学寺院史料研究会編）に、寺宝16「高祖一代絵図」として収録されているので、本篇でもこの名称を踏襲した。平成十四年十月十日、八十三世頂岳龍乗貫首代発行の「たちばな」五六一号に、「寺宝紹介　高祖一代絵図　第九巻「宗旨建立」」として、

全景図が示すように上から下へ、また下から上へと絵巻物風に連続した場面が一幅ごとに描かれて、宗祖の御一代を三十幅の画面によって表現している。

また、

この一代記の絵図の作製にあたっては日琮上人が構成を企画され、金箔紙に上人みずから詞書を書いて貼付されたと思われる。文化十一年（一八一四）には、京都の書店から註画讃二巻が再版されており、日琮上人も京の町絵師に命じて、一代記の絵図を完成させた。ことに十六の「小松原」、十八の「龍ノ口」、二十七の「旗曼陀羅利益」などは、江戸後期の絵画としてのすぐれた筆致を示す傑作といってよいだろう。

等と内容が紹介され、制作現場の推定と評価がなされている。さらに表具装幀についても、

天・地は紺地龍丸文繋綾、中廻しは花唐草小模様金襴、風袋・一文字は花唐草文金襴、軸端は木製黒漆塗、全長205・3糎、幅63・4糎

と詳しい紹介がされている。

改めて概要を記すと、本絵図は日蓮聖人（一二二二～八二）の誕生から入寂に至る一生を描いたものである。材質は絹本着色で、三十幅からなる。本絹の寸法は縦一一三・九センチ、横四八・四センチ（第一幅）。絵の所々に、詞書《ことばがき》を記した金紙が貼られている。各幅の表具ウワマキには、「一」から「三十」までの番号が墨書され、「御誕生」、「御得道」というように各幅の主題が書かれた紙片が貼られている。全三十幅のうち二十一幅には、発起者である妙覚寺日琮上人の裏書が記されている。全幅は三つの黒塗り木箱に収められ、各箱には「高祖御一代畫三十幅之内／一ヨリ十マテ十幅入」等と書かれた紙が貼られている。

表具裏書によれば、本図は妙覚寺五十世不測院日琮上人（一七三四～一八〇三）が発起人、大坂の墨屋甚兵衛（?～一八〇〇）が世話人となって製作されたが、途中で甚兵衛が物故したため、小松屋宇兵衛が世話人を引き継いだ。施主として、浪花の伊丹屋卯之吉、同貝塚半兵衛、讃岐高松の富山氏などの名がみえている。墨屋甚兵衛は寛政十二年（一八〇〇）十月五日に没しており（書冊過去帳4、以下同様に妙覚寺文書には『京都北龍華妙覚寺文書目録』の分類番号を注記する）、日琮上人は享和三年（一八〇三）六月に譲状を書いて隠居し（書状譲状3）、同年六月十四日に七十歳で遷化しているので、本図三十幅は寛政年間に製作が始められ、享和年間（一八〇一～三）に完成施入されたものと知られる。絵師は不明である。

日琮上人は寛政六年（一七九四）の晋山以来、天明八年の大火で焼失した妙覚寺復興に尽力し、享和年間に大客殿（現今の本堂）を建立した（「過去帳4」、「棟札」）。墨屋甚兵衛は本名を入江延成といい、大坂法妙寺檀徒で、妙覚寺開帳題目講中発起人として、四十九世慈譲院日遂上人の本山復興事業を助けた。寛政四年（一七九二）には、『日像菩薩徳行略絵伝』六垂を妙覚寺に寄進している。詳しくは同絵伝の解題に譲るが、この『高祖一代絵図』三十幅も、先に奉納された『日像菩薩徳行略絵伝』とともに、新築の妙覚寺大客殿**【図版1】**を荘厳したものと思われる。

日蓮聖人の一代記絵伝としては、円明院日澄（一四四一～一五一〇）作の三十二章の詞書に基づく『日蓮聖人註画讃』の諸本が知られている。妙覚寺本『高

図版1　日琮上人建立の妙覺寺大客殿（本堂）

図版2　高祖一代絵図　華芳塔納経

図版4　妙覺寺華芳宝塔内の華芳石塔

図版3　高祖一代絵図　鏡の御影彫刻

図版5　宗祖「鏡の御影」　妙覺寺所蔵（重文）

祖一代絵図』は、全三十幅に六十余の場面を納めており、文章はごく簡略な貼紙書しかないものの、画集としては充実した内容といえるであろう。各幅の説明に注記したように、『日蓮聖人註画讃』『本化別頭仏祖統紀』など著名な祖師伝と共通する主題が多いが、中には花芳塔納経（第七幅【図版2】）、鏡の御影造立（第二十五幅【図版3】）など妙覚寺独自の寺伝に基づく場面も含まれている。聖人が叡山横川遊学時に造立したという華芳塔、および聖人が身延山にて自ら頭像を刻んで像師に授けたと伝える鏡の御影は妙覚寺に現存している【図版4】【図版5】。これらを一代記絵図に取り入れたのは、本図に裏書を記した貫首日琮上人の意向によるものに違いない。日琮上人は越後五箇浜村遠藤家の出身で、角田山妙光寺に出家したという（『平成二十四年度京都本山妙覺寺歴代先師会の栞』）。本図には『註画讃』や『仏祖統紀』にみえない角田山毒蛇退治の絵（第二十幅）が取り入れられているが、これも同地出身の日琮上人の意向によるものと思われる。奈良・大坂・京都・叡山・伊勢など関西の場面が多く取り入れ

図版6　高祖一代絵図　小松原御難

図版7　本圀寺本註画讃　小松原御難

図版8　高祖一代絵図　虚空蔵菩薩の霊験

図版9　高祖累歳録　虚空蔵菩薩の霊験

られているのも、制作の環境を反映していよう。

前述のように日蓮聖人の一代記絵伝には、天文五年（一五三六）年に窪田統泰が描いた京都本圀寺所蔵五巻本を初めとする『日蓮聖人註画讃』の諸本があるが、とくに寛永九年（一六三二）三月に京都の書肆中野市右衛門が刊行した和文五巻一冊本『日蓮聖人註画讃』が、後世に大きな影響を与えたとされる。次いで延宝九年（一六八一）には京都中村五兵衛により七十余の挿図を収めた『日蓮大聖人御伝記』十冊が版行されている（著者・絵師とも未詳）。江戸後期の寛政年間には聖人絵伝の製作が盛行したようで、寛政二年（一七九〇）には狩野栄川院典信筆『日蓮聖人縁起絵巻』八巻が作られている。寛政五年（一七九三）には深見要言が歌川豊春など著名な絵師六十余名に七十余図を描かせた『高祖累歳録』二冊が版行された。深見要言はさらに寛政七年に柳亭笑慶（不詳）筆の百十七図を載せた『本化高祖紀年録』十一冊を刊行している。享和三年（一八〇三）には『絵本日蓮大士御一代記』上下二冊が江戸の鶴屋喜右衛門（仙鶴堂）より再刊された（初版は元禄年間）。

寛政から享和の間に作られた妙覚寺本『高祖一代絵図』も、これらの系譜に連なるものであろうが、従来の聖人絵伝の多くは巻子や冊子本であった。享保三年（一七一八）頃と思われる高岡大法寺所蔵『日蓮聖人御一代記絵』四幅のように掛幅装のものもあるが（『高岡大法寺寺宝集成』）、一幅を何段かに等分して巻子本と同様に横長の絵を収めたものが多い。これらに対すれば妙覚寺本『高祖一代絵図』は、多数の縦長の大画面を効果的に用いる独自の工夫がなされているといえよう。各幅各場面には、大勢の人物や背景が、遠近法を生かして入念に描かれ、主人公の日蓮聖人を始め躍動感を持たされている場合が多い。百三十名以上の乱闘を描く小松原法難の場面（第十六幅）はその典型であり、日蓮聖人はのけぞりながら片

図版10　高祖一代絵図の七頭毒蛇退治の場面

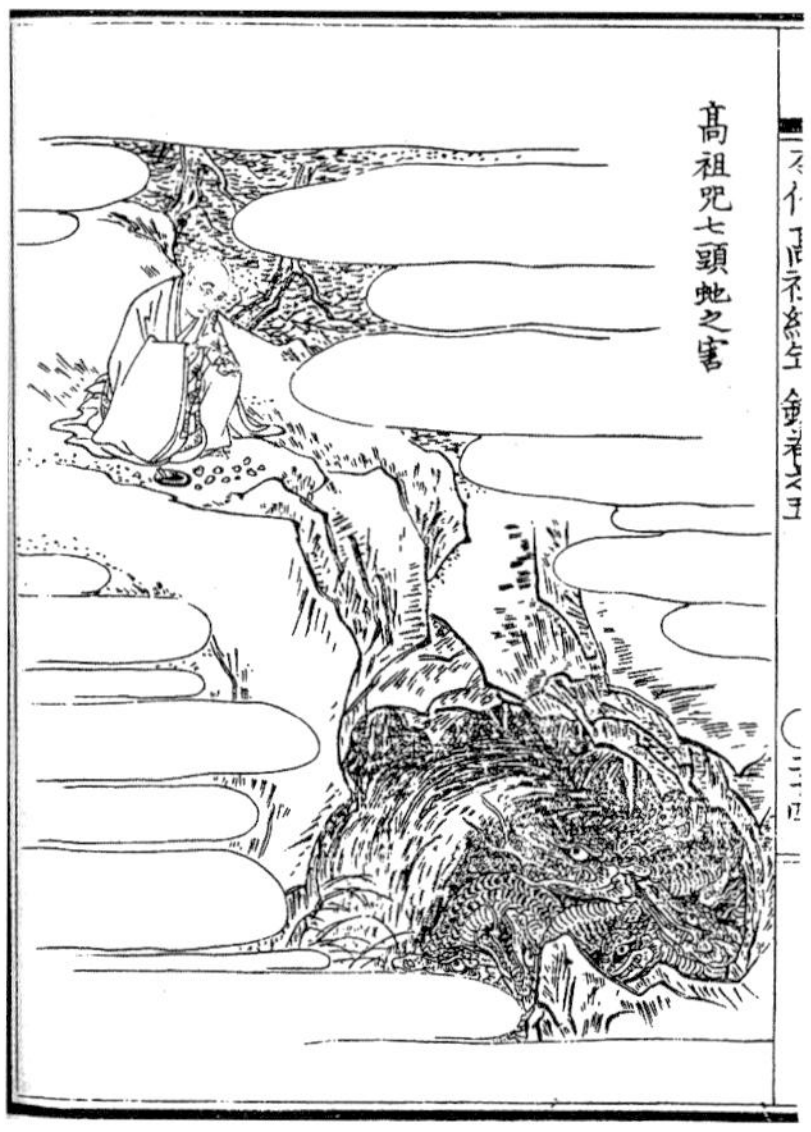

図版11　本化高祖紀年録の七頭毒蛇退治の場面

手で東条景信の太刀を受けつつ、片手で配下の一人の首を抱え、片足で別の敵を踏みつけている【図版6】。本圀寺本『日蓮聖人註画讃』などの直立した姿とは異なっているのである【図版7】。聖人伝序盤の山場の一つである虚空蔵菩薩の霊験を得る場面では、その舞台を従来のような堂内や縁側ではなく、堂と書物を置いた居室との中間（明星池のほとりの庭）に設定し、学業祈願と感応の成就という主題がわかる構図となっている【図版8】【図版9】。前述した角田山麓の毒蛇退治の場面は、寛政七年（一七九五）刊行の『本化高祖紀年録』（五巻二十四丁）にも「高祖七頭蛇の害を呪す」として不気味に蠢く毒蛇と丹念に経石を書す聖人が描かれているが、『高祖一代絵図』では襲いかかる毒蛇と経石を投げつける聖人との緊迫した戦闘シーンとなっている【図版10】【図版11】。本絵伝の日蓮聖人は常に最高位の僧服である緋衣をまとい、遊学時には荷を負った従者を従えている。幕府の役人は刺又《さすまた》や突棒《つくぼう》など江戸時代の捕り物道具を持っている。時代考証より明解さを優先する点は、『日像菩薩徳行略絵伝』の「幼童に見易からしめ…」（奥書）という製作意図と共通するものがある。

前述のように本絵図の筆者は未詳であり、画題についても典拠不明な図が二三ある。識者の御教示を仰ぐ次第である。

（文責　都守基一）

参考文献

立正大学寺院史料研究会『京都・北龍華妙覚寺文書目録』昭和四十八年、妙覚寺
関根龍雄編『京都本山妙覚寺史』平成二年、本山妙覚寺
『平成二十四年度京都本山妙覺寺歴代先師会の栞』平成二十四年、常円寺日蓮仏教研究所
岩橋春樹・山田泰弘編『日蓮聖人註画讃』昭和五十六年、角川書店
冠　賢一解説『日蓮聖人註画讃』昭和六十一年、大法輪閣
小松茂美編『日蓮聖人註画讃　続々日本絵巻大成　伝記・縁起篇2』一九九三年、中央公論社
中尾　堯監修『鏡忍寺本日蓮聖人註画讃』平成二十五年、日蓮宗新聞社
中尾　堯・望月真澄編『図説日蓮聖人と法華の至宝　第七巻　日蓮聖人註画讃』平成二十六年、同朋舎メディアプラン
『特別展　日蓮聖人縁起絵巻の世界―狩野栄川院と池上本門寺』二〇一七年、池上本門寺霊宝殿
坂輪宣敬・寺尾英智・栗原啓允編『高岡大法寺宝物集成』平成十三年、大法寺
『日蓮上人註画讃』五巻一冊　寛永九年三月、中野市右衛門刊行（国立国会図書館インターネット公開）
深見要言著・柳亭笑慶画『本化高祖紀年録』十一冊　寛政七年刊（国文学資料館インターネット公開）
影山堯雄解説『高祖累歳録』上下　昭和三十六年、日本仏書刊行会
日蓮宗全書『日蓮上人伝記集』昭和四十九年、本満寺再刊
日蓮宗全書『本化別頭仏祖統紀』昭和四十八年、本満寺再刊
『日蓮聖人伝記全集10本化高祖紀年録』昭和六十二年、法華ジャーナル
『日蓮聖人伝記全集13法華霊場記』昭和六十二年、法華ジャーナル
小林正博編『日蓮大聖人御伝記』平成二十四年、USS出版
山上ゝ泉『日蓮聖人絵詞伝の研究―画主文従の代表的仮名御伝記に就ての考察―』かぐのみ社、一九三二年（国立国会図書館インターネット公開）
山上ゝ泉『古刻書史上より観たる「日蓮聖人註画讃」の体系と其の影響』かぐのみ社、昭和九年（国立国会図書館インターネット公開）
冠　賢一「近世における日蓮伝記本の出版」（『近世日蓮宗出版史研究』一九八三年、平楽寺書店）
小林正博「日蓮事跡初見年表」（『東洋哲学研究所紀要』一三号、平成九年）
望月真澄「近世日蓮伝記本の挿絵考～深見要言『本化高祖紀年録』を中心に～」（伊藤瑞叡博士古稀記念論文集『法華仏教と関係諸文化の研究』二〇一三年、山喜房佛書林）
望月真澄「近世日蓮伝記本における挿絵の特徴―深見要言『高祖累歳録』を中心に―」（宮川了篤編『日蓮仏教における祈りの構造と展開』平成二十六年、山喜房佛書林）
寺尾英智「『日蓮聖人註画讃』の諸本について」（『印度学仏教学研究』六九巻二号、令和三年）

日像菩薩徳行略絵伝

凡　例

一、本篇は、寛政三年（一七九一）成立の京都妙覺寺所蔵『日像菩薩徳行略《にちぞうぼさつとくぎょうりゃく》絵伝《えでん》』二十八条を写真で紹介し、解説を付すものである。

一、各条の写真を上段、解説を下段に配した。

一、解説は、〈詞（詞書《ことばがき》の大意）〉、〈絵〉、〈原文（「題簽《だいせん》」と詞書の翻刻）〉、〈註〉の順とした。

一、〈註〉では、『大覚十五箇条』（南北朝期）、『与中山浄光院書』（室町期）、『日像門家分散之由来記』（元亀天正ころ）、『妙蓮寺祖師記』（慶長十一年）、『歴代略伝』（元和二年）、『龍華歴代師承伝』（明暦元年）、『日像聖人御伝記』（延宝九年）、『法華霊場記』（貞享二年）、『本化別頭仏祖統紀』（享保十六年）、『日像菩薩徳行記』（明和九年）、『龍華年譜』（天保十二年刊）など、本絵伝の前後に作られた像師伝との関連を示し、本絵伝の特徴が明らかとなるよう努めた（各文献の作者や年代については「解題」を参照のこと）。『宗全』は、『日蓮宗宗学全書』の略称である。

一、解説欄に、関連する資料や土地建物の図版を付した場合もある。

一、巻末に、解題を付した。

一、巻末に付録として、関係寺院一覧・年譜を付した。

一、本篇は、平成三十年十月十一日、京都本山妙覺寺より発行された『日像菩薩徳行略絵伝』（A5判、九四頁）を改版したものである。編集は旧版に引き続き、常円寺日蓮仏教研究所の都守基一・熱海秀吉が担当し、校正等に渡邊紳一郎・稲見悦子・南谷光充子・池浦泰憲・川上大隆・佐野湛要の諸師の協力を得た。

〈旧版の序〉

ごあいさつ

鎌倉・南北朝時代に活躍された日像上人は、関東で起こった日蓮聖人の教えを初めて京都に弘め、値難忍受の信仰の規範を示した宗門先師として、広く知られております。

ところで像師の遺跡である北龍華具足山妙覺寺は、京都像門三具足山、日蓮宗由緒寺院の一つとして今日に至っておりますが、不肖、縁あってこのたび第八十六世の法燈を継承することと相成りました。本年はあたかも開祖日像菩薩御生誕七百五十年の嘉辰に当たっております。そこで江戸時代の寛政三年、四百五十遠忌記念として一信徒より奉納され、当山に秘蔵されていた『日像菩薩徳行略絵伝』を世に紹介し、晋山の記念とすることを発願いたしました。

編集にあたっては、先代の及川上人代より当山の寺宝整理を手伝って下さっている常円寺日蓮仏教研究所の都守基一先生にお願いし、平易かつ学術的な内容となるよう心がけました。また撮影ならびに印刷製本には、株式会社イーフォーの熱海秀吉氏に御尽力をいただきました。さらに隣山大本山妙顕寺及川日周猊下には、玄旨本尊・宗号綸旨など像師ゆかりの貴重な御霊宝の写真掲載を許可していただきました。各位の御芳情に対し、厚く御礼を申し上げます。

この出版が像師のご生涯を偲ぶ一助となり、また像師鑽仰の歴史を紐解く鍵ともなることを念願しまして、一言ごあいさつとさせていただきます。

平成三十年十月十一日

京都本山妙覺寺貫首　宮崎日巌

日像菩薩徳行略絵伝　全影　京都本山妙覺寺所蔵

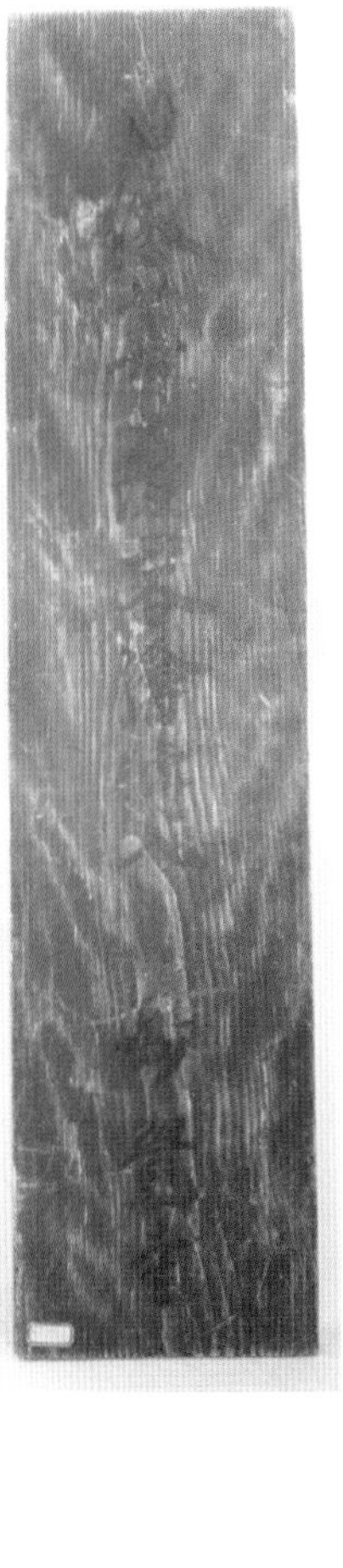

箱（赤外線写真）

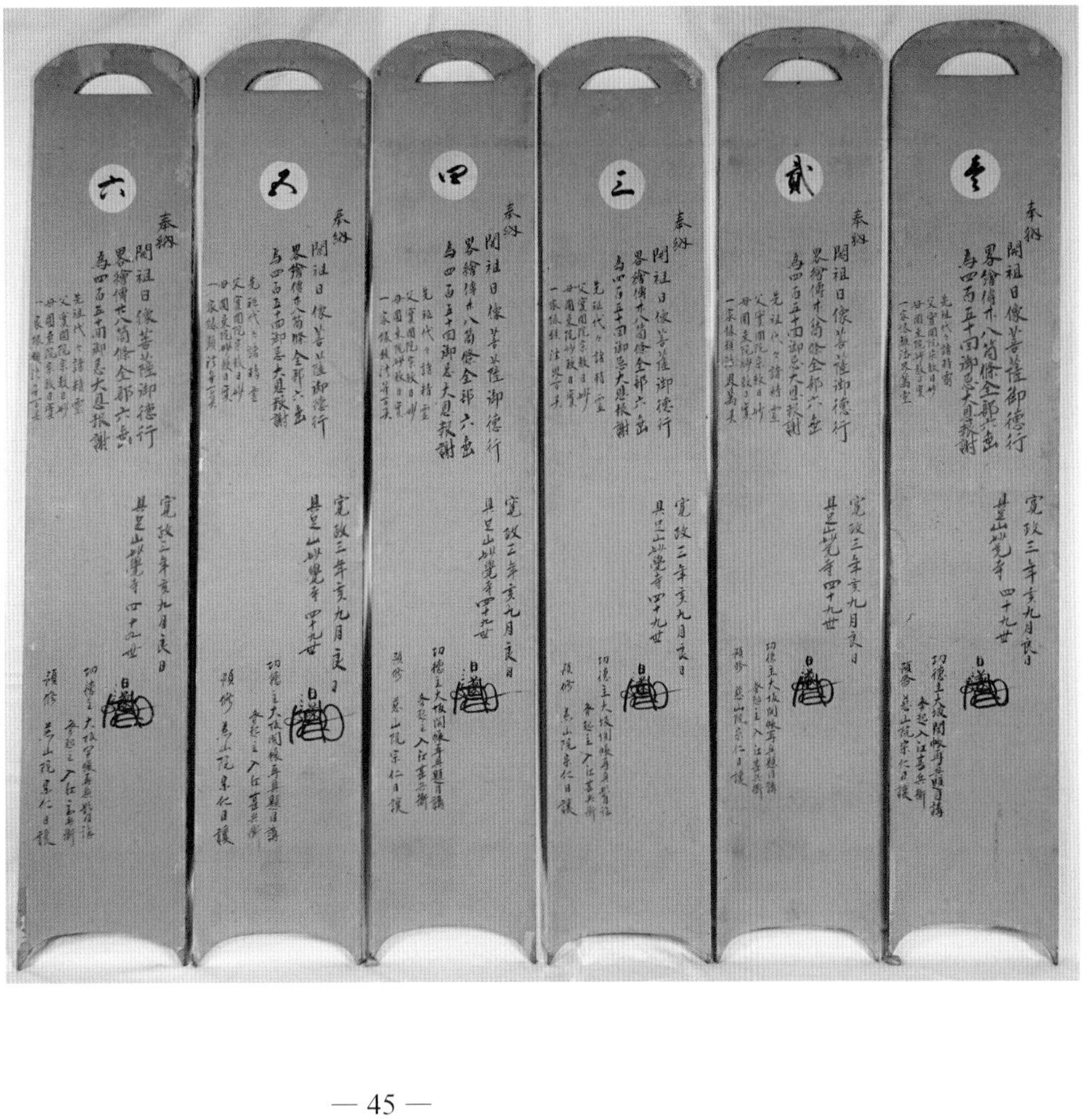

背面

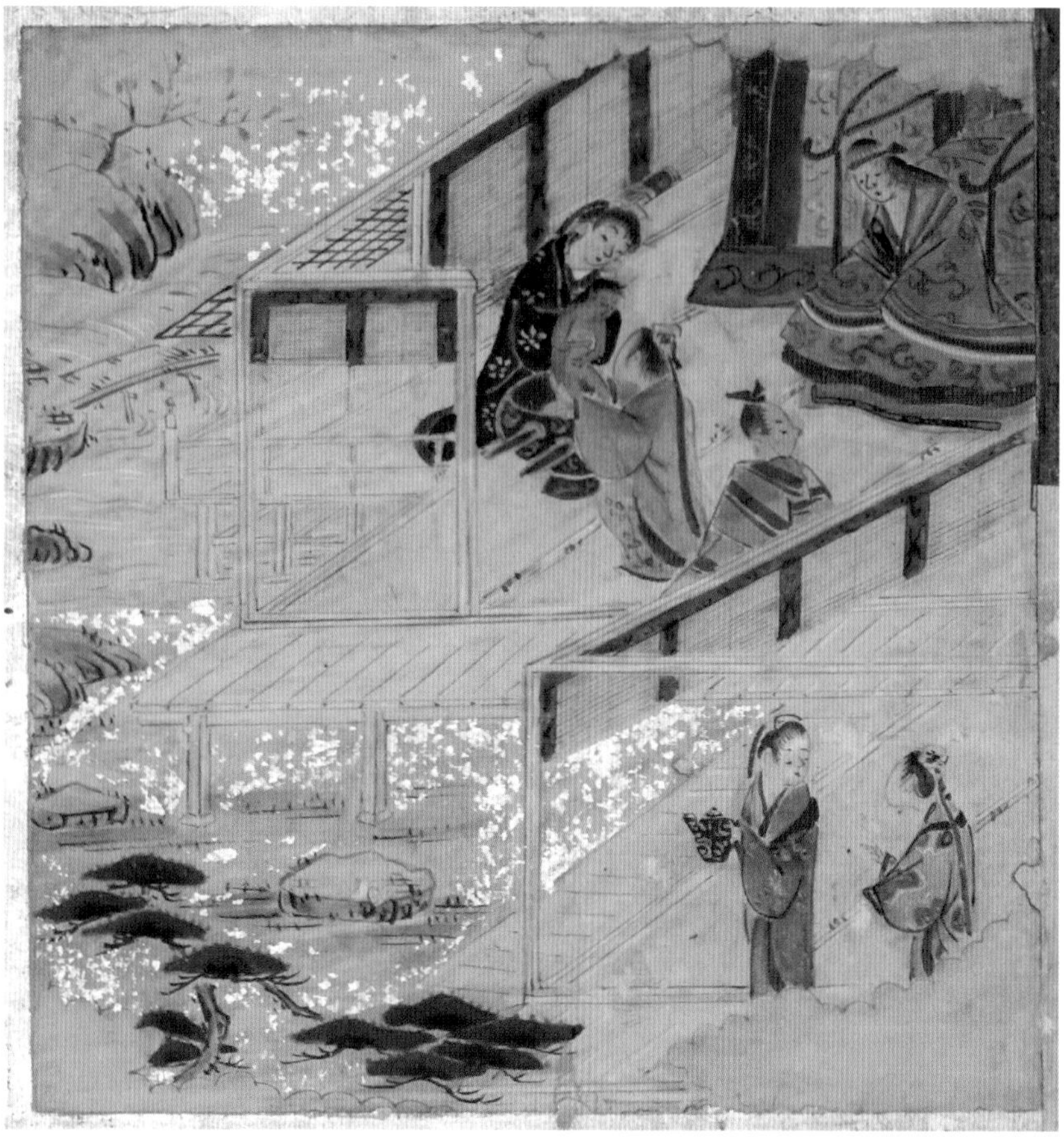

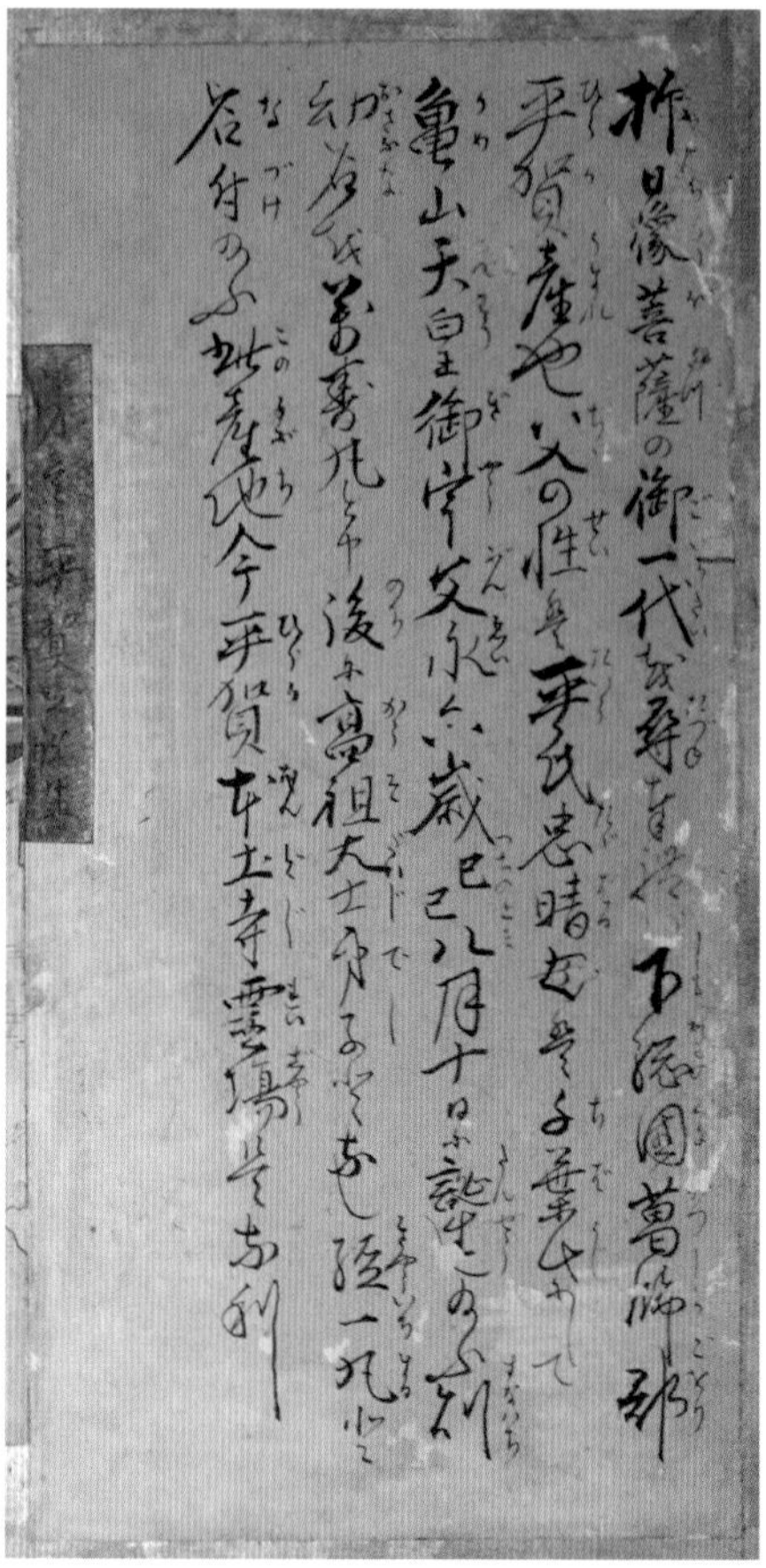

第一　平賀御誕生《ひらがごたんじょう》

〈詞〉日像菩薩《にちぞうぼさつ》の御一代《ごいちだい》を尋ねると、下総国葛飾郡平賀《しもうさのくにかつしかぐんひらが》（千葉県松戸市平賀）の産まれである。父は平氏《へいし》の忠晴《ただはる》。母は千葉氏《ちばし》。亀山天皇《かめやまてんのう》の文永《ぶんえい》六年（一二六九）八月十日に誕生された。幼名は万寿丸《まんじゅまる》といった。後に高祖日蓮大士《こうそにちれんだいじ》の弟子となり、経一丸《きょういちまる》と名付けられた。この産地は今の平賀本土寺霊場《ひらがほんどじれいじょう》である。

〈絵〉清水の流れる館《やかた》で、赤ん坊が産湯《うぶゆ》を使わされている。父母や侍女《じじょ》が描かれる。

〈原文〉「第壱　平賀御誕生」／抑日像菩薩《にちぞうぼさつ》の御一代《ごいちたい》を尋奉《たづね》れバ下総國葛飾郡《しもおさのくにかつしかごをり》／平賀《ひらか》産《うまれ》也。父《ち、》の性《せい》は平《たいら》氏忠晴《たゞはる》。母は千葉《ちば》氏《うじ》にして／亀《かめ》山天皇御宇文永《てんわうぎやうぶんえい》六歳己巳《つちのとみ》八月十日に誕生《たんせう》し給ふ。則《すなハち》／幼名《おさなな》を萬寿丸と申。後《のち》に高祖大士弟子《かうそだいじでし》となし経一丸《きやういちまる》と／名付《なづけ》給ふ。此産地《このうぶち》今平賀本土寺霊場《ひらかほんどじれいじやう》是なり。

〈註〉像師の出自について、真如院日住『与中山浄光院書』は、「日像ハ千葉ノ庶子千田名字ノ人ナリ」（『宗全』一九巻八三頁）と記す。『妙蓮寺祖師記』は「下総国之人、与朗師其父同姓同名矣」（同一三巻一八四頁）とする。『歴代略伝』は「生処平賀」「藤太郎忠晴第二子息」「御母千葉次郎殿息女」（同一九巻一一七〜八頁）とする。元政『龍華歴代師承伝』（五丁表）、『日像聖人御伝記』（三二二頁）、日潮『本化別頭仏祖統紀』（一三七頁）、『日像菩薩徳行記』（像師誕生第一）は生地は平賀、父は平氏の忠晴、母は千葉氏とする。日霽『龍華年譜』（一丁表）、日通『御書略註』（『宗全』一八巻二二八頁、三八二頁）は平賀忠晴を清和源氏義光流とする。

文永六年誕生は、『日像門家分散之由来記』以下諸書一致。誕生の月日は、『歴代略伝』は八月十日・十月八日の両説をあげるが、『龍華歴代師承伝』以降は八月十日説が一般化する。

万寿丸（麻呂）の幼名は日省『本化高祖年譜』（『日蓮上人伝記集』一三三頁）、『本化別頭仏祖統紀』（一三七頁）。『法華霊場記』（二巻五丁）は万麻呂。

千葉県松戸市平賀の本土寺には「日像菩薩誕生水」と称する古井戸が残る【図版1】。

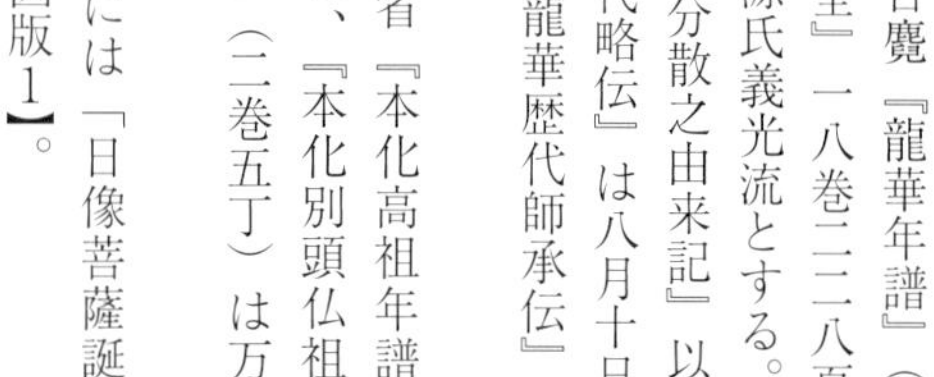

図版１　平賀本土寺の日像菩薩誕生水

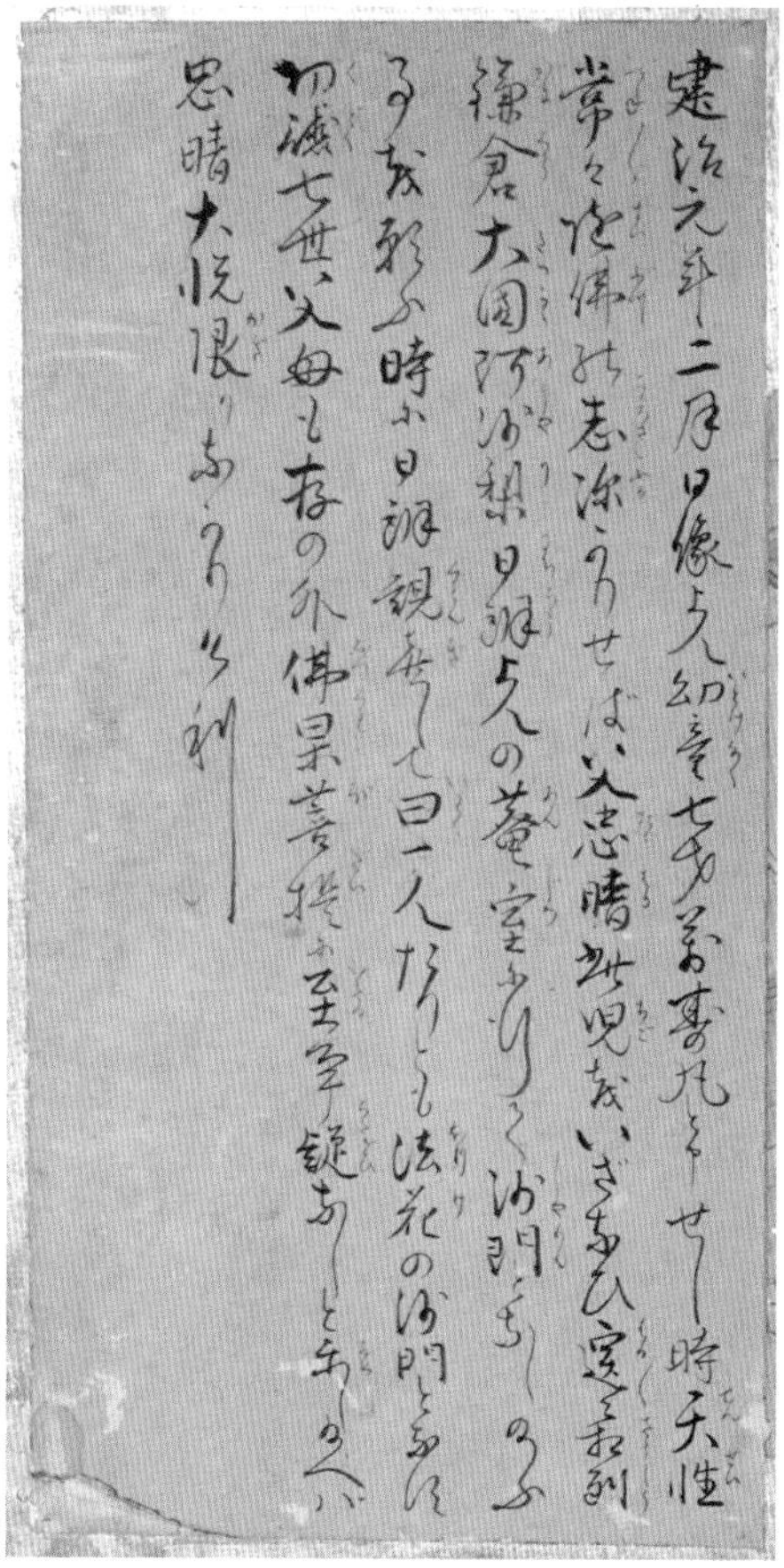

第二　発心《ほっしん》の入寺《にゅうじ》

〈詞〉建治《けんじ》元年（一二七五）二月、七才（数え年）になった万寿丸《まんじゅまる》は、天性、仏《ほとけ》に随う志が深かったので、父忠晴《ただはる》に誘《いざな》われて相模国鎌倉《さがみのくにかまくら》の大国阿闍梨日朗《たいこくあじゃりにちろう》上人《しょうにん》の庵室《あんしつ》を訪れた。忠晴が万寿丸の出家《しゅっけ》を願い出ると、日朗は歓喜《かんぎ》してわが子を法華《ほっけ》の沙門《しゃもん》となす功徳《くどく》を説き、忠晴は大いに喜んだ。

〈絵〉「平忠晴」が「経一丸」を連れ、家来《けらい》を従えて「日朗上人」の庵室《あんしつ》を訪ねる場面。

〈原文〉「第武　発心之入寺」／建治元年二月、日像上人幼《いとけなく》童七才萬寿丸と申せし時、天性《てんせい》／常々《つね〳〵》随佛《ずいぶつ》の志《こゝろざし》深《ふか》かりせば父忠晴《たゞはる》此児《ちご》をいざなひ遙々《はる〳〵》相州《さうしう》／鎌倉《かまくら》大國阿闍梨日朗《たいこくあじやりにちらう》上人の菴室《あんじつ》に行て沙門《しやもん》となし給ふ／事を願ふ。時に日朗歓喜《くわんぎ》して曰《いわく》。一人たりとも法花《ほっけ》の沙門となす／功徳《くどく》七世父母も存の外佛果《ぶつくわ》菩提《ぼだい》に至《いたる》事疑《うたがひ》なしと示《しめ》し給へバ／忠晴大悦限《かぎ》りなかりけり。

〈註〉建治元年（一二七五）二月、七歳で朗師に預けられたことは、『歴代略伝』、『龍華歴代師承伝』、『本化別頭仏祖統紀』（一二三八頁）、『日像菩薩徳行記』（出家第二）と同じ。

鎌倉の日朗上人の庵室は、本絵伝第六によれば比企谷《ひきがやつ》の長興山妙本寺である【図版2】。

図版2　鎌倉比企谷妙本寺

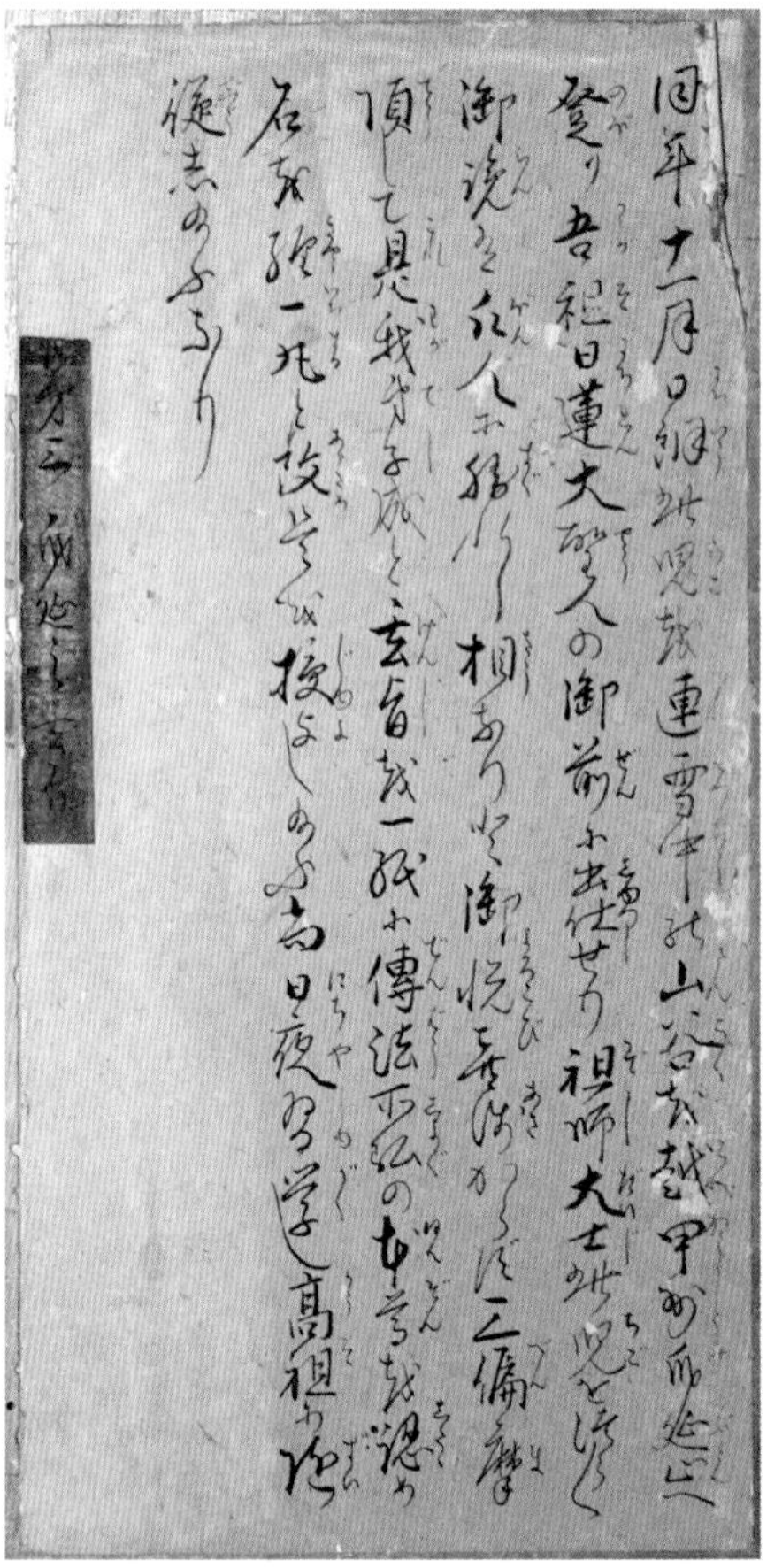

第三　身延《みのぶ》の玄旨《げんし》

〈詞〉同（建治元）年十一月、日朗《にちろう》上人はこの稚児《ちご》を連れて雪の積もる甲斐《かい》の身延山《みのぶさん》へ登り、日蓮大聖人《にちれんだいしょうにん》の御前に出仕させた。大聖人はこの稚児をよくよくご覧になって「凡人に勝れた相だ」、「これこそ我が弟子だ」と喜ばれ、頂《いただき》を三度摩《な》でた。大聖人はこの伝法《でんぽう》の趣旨《しゅし》を一紙《いっし》にこめるべく本尊《ほんぞん》を認《したた》め、経一丸《きょういちまる》の名とともに稚児に授与《じゅよ》した。経一丸は日夜、高祖《こうそ》に随従《ずいじゅう》して習学《しゅうがく》した。

〈絵〉「日蓮大聖人」が稚児姿の「経一丸」に与えるべく本尊を書し、「日朗上人」がこれを見守る場面が描かれる。仏壇には経巻が供えられている。

〈原文〉「第三　身延之玄旨」／同年十一月、日朗《にちらう》此児《ちご》を連雪中《つれせっちう》の山谷《さんこく》を越甲州《こへかうしう》身延山《みのぶさん》へ／登《のぼ》り吾祖《わがそ》日蓮《にちれん》大聖《せう》人の御前《ぜん》に出仕《しゅつし》せり。祖師大士《そしだいじ》此児《ちご》をつら〳〵／御覧《らん》有、凡《ぼん》人に勝《すぐ》れし相《そう》なりと御悦喜浅《よろこびあさ》からず。三偏摩《べんま》／頂《てう》して是我弟子《これわがでし》成と玄旨《げんし》を一紙に傳法所弘《でんぼうしょぐ》の本尊《ほんぞん》を認《したた》め／名を経一丸《きやういちまる》と改《あらため》是を授与《じゅよ》し給ふ。尚日《にち》夜習学《やしゅがく》し高祖《かうそ》に随《ずい》／従《じう》し給ふなり。

〈註〉像師が幼少のおり日蓮聖人に随従して修学したことは、大覚が朗源へ宛てた『大覚十五箇条』に、「八歳の時、法花経の勘文習給候」、「幼少にて元師へ給仕申候」（『妙顕寺文書二』二頁）等とみえる。

身延山の日蓮聖人に直参したことは『妙蓮寺祖師記』以下の諸伝、玄旨本尊のことは『歴代略伝』以下の諸伝に載せる。

日蓮聖人が建治元年（一二七五）十二月に身延山で染筆し経一丸へ授与した「玄旨本尊」は、京都妙顕寺に現存する（立正安国会『御本尊集』二八番）【図版3】。山梨県南巨摩郡の身延山久遠寺は日蓮宗の総本山【図版4】。

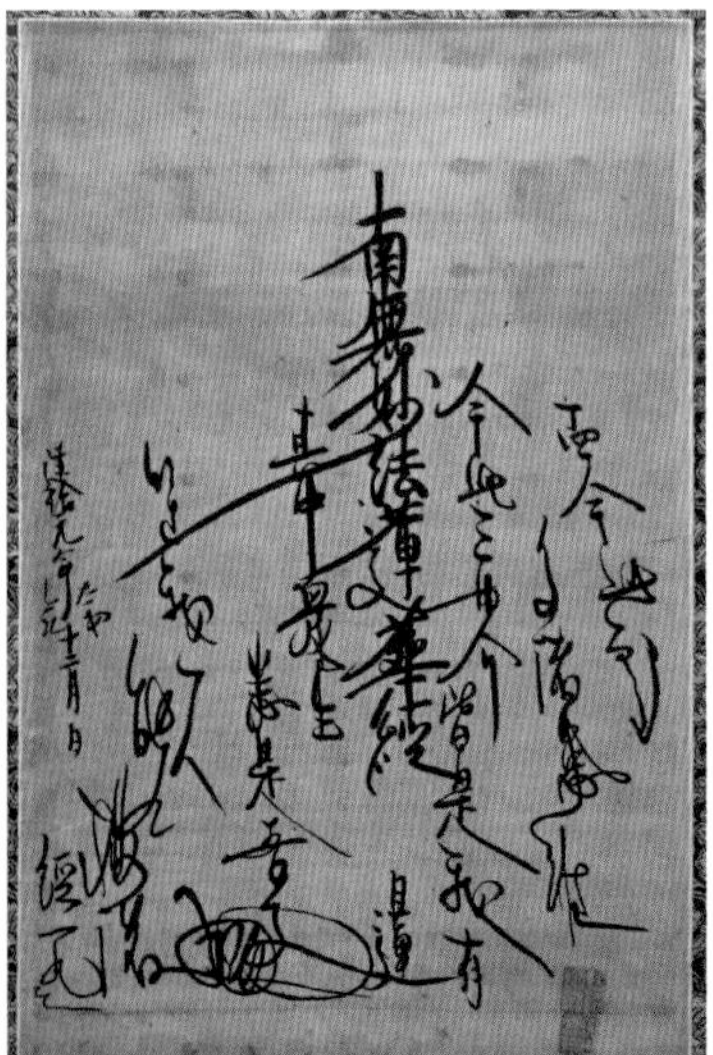

図版3　経一丸授与の宗祖玄旨本尊　京都妙顕寺所蔵

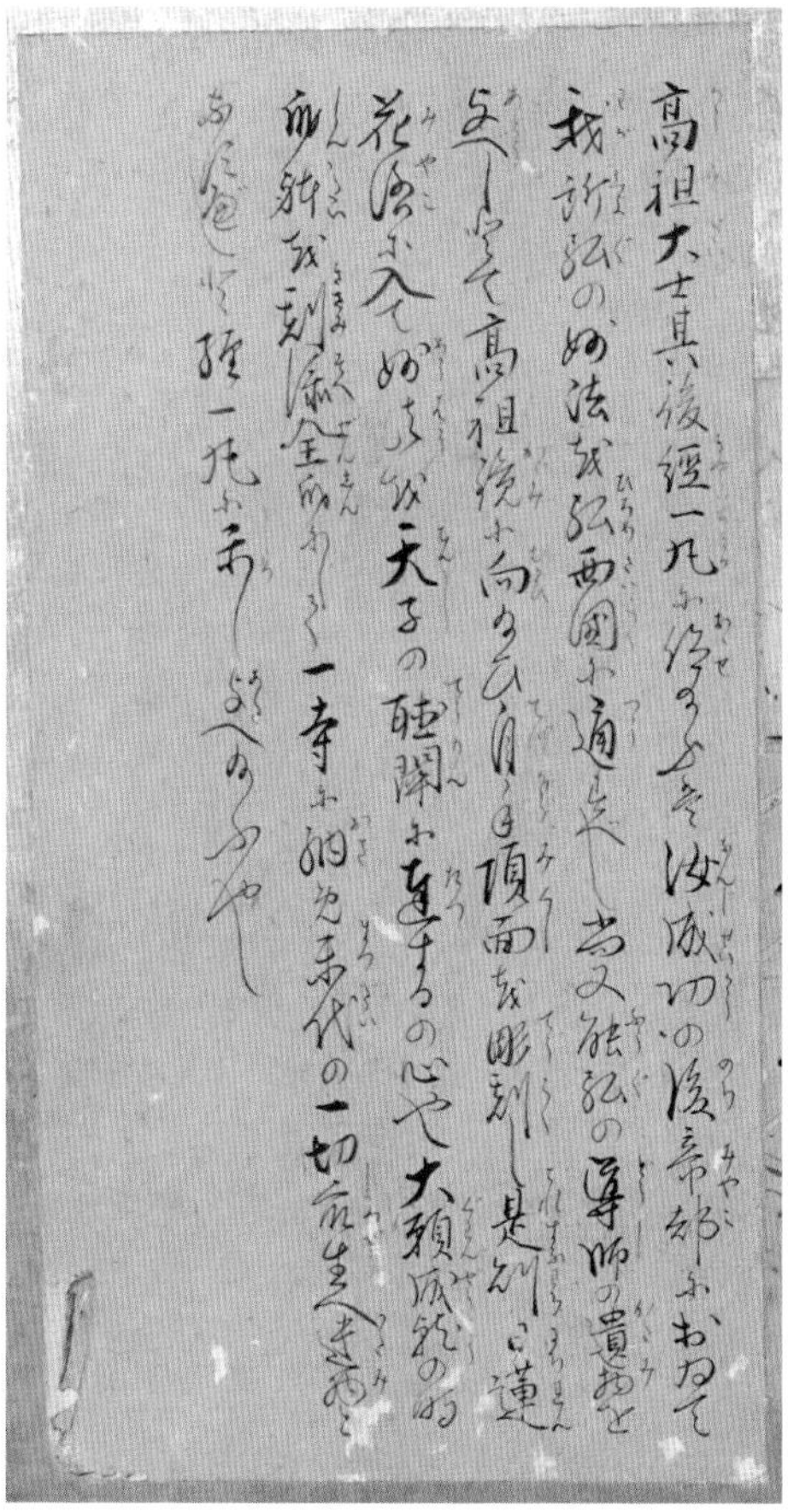
高祖大士其後経一丸に仰給ふは汝成功の後帝都におゐて我所弘の妙法を弘西國に通すへし尚又能弘の導師の遺物を与へしとて高祖鏡に向給ひ自手頂面を彫刻し是則日蓮花洛に入て妙法を天子の聴聞に達するの心也大願成就の時身躰を刻添全身にして一寺に納め末代の一切衆生へ遺物となすへしと経一丸に示し与へ給ふ也

第四　高祖御影授《こうそみえいじゅ》

〈詞〉高祖大士《こうそだいじ》はその後、経一丸《きょういちまる》に、「汝《なんじ》は学業を終えた後、帝都《ていと》に出てわが妙法《みょうほう》を弘めよ。西国弘通《さいごくぐづう》の導師《どうし》へのかたみとして、私が鏡に向かって自分で彫刻した頭像《とうぞう》を与える。わが妙法が天聴《てんちょう》に達し、大願成就《だいがんじょうじゅ》した時には身体を刻み添えて全身として一寺に納め、末代《まつだい》の一切衆生《いっさいしゅじょう》へのかたみとせよ」と示し、かたみの御影《みえい》を与えられた。

〈絵〉「日蓮大聖人」が鏡をみつつ自ら頭像を彫り、「日朗上人」「経一丸」ほか僧俗がこれを見守る場面が描かれる。庭の木には雪が降り積もっている。

〈原文〉「第四　高祖御影授」／高祖大士《かうそだいじ》其後経一丸《きやういちまる》に仰給《おゝせ》ふは汝成功《なんじせいかう》の後帝都《のちみやこ》におゐて／我所弘《わがしよぐ》の妙法を弘西國《ひろめさいこく》に通《つう》すべし。尚又能弘《なうぐ》の導師《どうし》の遺物《かたみ》を／与《あた》へしとて高祖鏡《かゞみ》に向《むか》給ひ自手頂面《てづからみくし》を彫刻《てうこく》し是則日蓮《これすなわちにちれん》／花洛《みやこ》に入て妙法《めうほう》を天子《てんし》の聴聞《てうもん》に達《たつ》するの心也。大願成就《ぐわんぜうじゆ》の時／身躰《しんたい》を刻添全身《きざみそへぜんしん》にして一寺に納《おさ》め末代《まつだい》の一切衆生《しゆ》へ遺物《かたみ》と／なすべしと経一丸に示《しめ》し与《あた》へ給ふ也。

〈註〉像師が宗祖より上洛弘通を命じられたことは、元応二年（一三二〇）正月三日の朗師の肥後殿あて書状（玄旨本尊添状）【図版34】にみえ、『龍華歴代師承伝』『日像菩薩徳行記』以下の諸書に載せる。

宗祖より自刻の頭像を授与され、帝都開教の大願成就の時に身体を刻み添えよと命じられたことは、本絵伝以前の諸書にみえない。第二十六条とともに「鏡の祖師」を祀る妙覚寺独自の伝承であろう。ただし『龍華年譜』には、上洛にあたり朗師より「宗祖手刻の頭顱及び舎利」（五丁裏）を与えられ、元弘元年（一三三一）、宗祖五十回忌の追福のため「手ずから宗祖の像躯を造り、向（さ）きに受くる所の首頭に合はせ、胎に自書の本尊と願文と金骨を安（お）」（二四丁裏）いたと記される。

図版４　身延山久遠寺（第三参照）

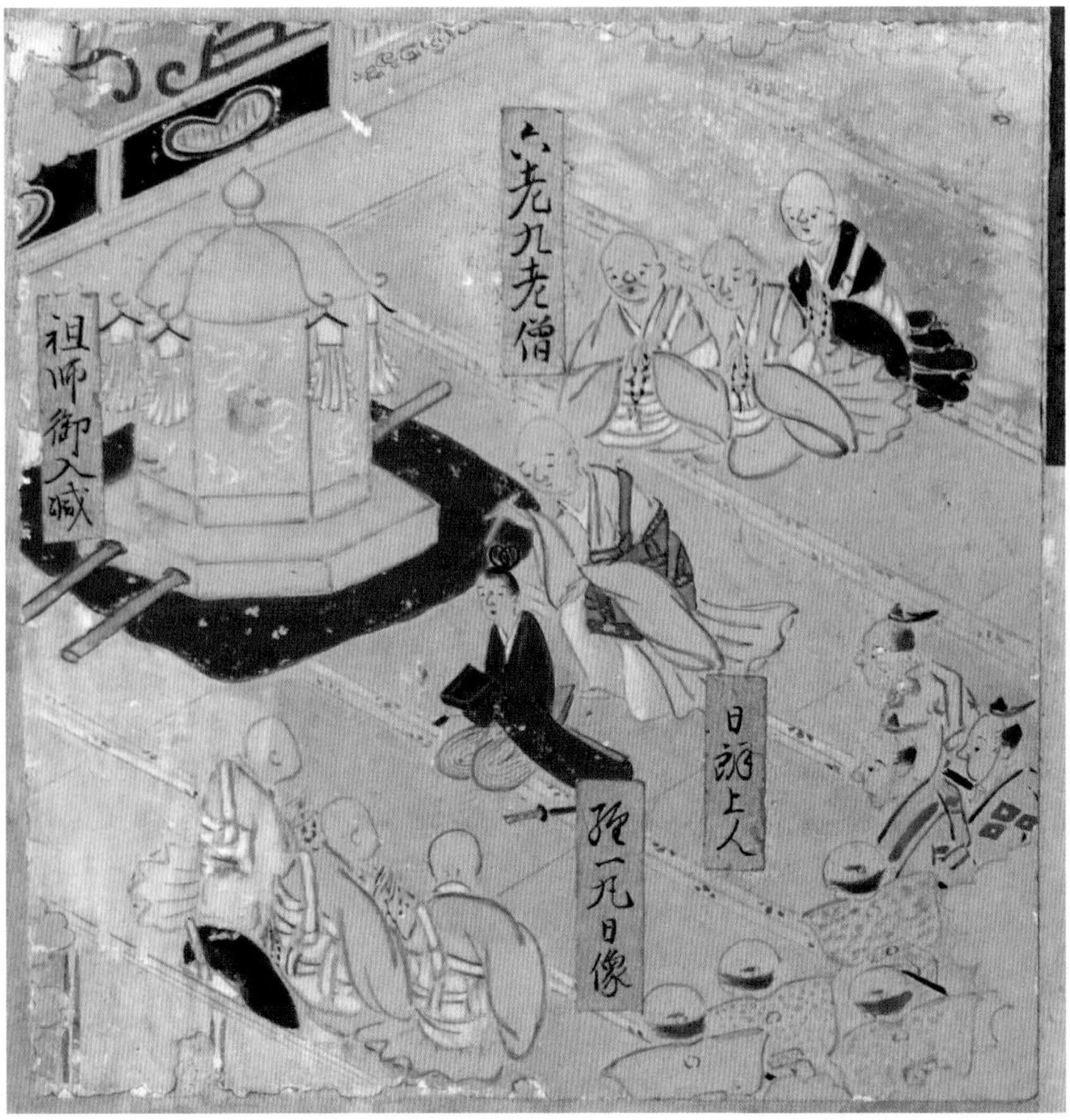

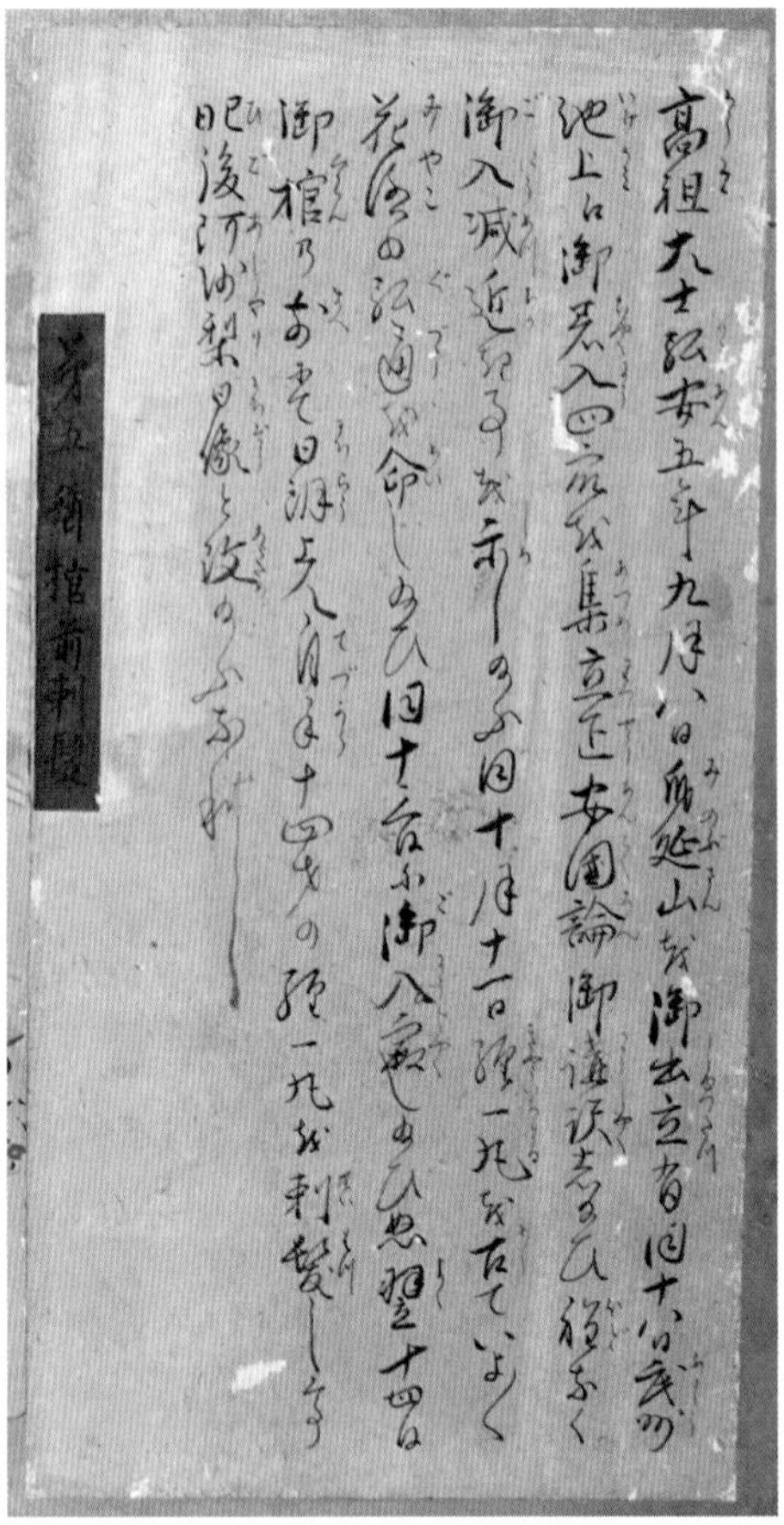

第五　御棺前剃髪《ごかんぜんていはつ》

〈詞〉高祖大士《こうそだいじ》は弘安《こうあん》五年（一二八二）九月八日、身延山《みのぶさん》を出立《しゅったつ》し、同十八日に武蔵国池上《むさしのくにいけがみ》へ着いた。ここで僧俗男女《そうぞくなんにょ》を集めて『立正安国論《りっしょうあんこくろん》』の講釈《こうしゃく》をし、入滅《にゅうめつ》の近いことを予告された。同年十月十一日、経一丸《きょういちまる》を召して華洛弘通《からくぐづう》を命じ、十三日に入寂《にゅうじゃく》された。翌十四日、御棺《ごかん》の前にて日朗上人《にちろうしょうにん》は十四才の経一丸を剃髪《ていはつ》し、肥後阿闍梨日像《ひごあじゃりにちぞう》と改名させた。

〈絵〉「祖師御入滅」の棺前にて「日朗上人」が「経一丸日像」の髪に剃刀《かみそり》を当て、「六老九老僧」や檀越《だんのつ》らが見守る場面が描かれる。

〈原文〉「第五　御棺前剃髪」／高祖大士弘安《かうあん》五年九月八日、身延山《みのぶさん》を御出立《しゆつたつ》有、同十八日武州《ぶしう》／池上江《いけかみ》御着入《ちやくにう》、四衆を集立正安國論《あつめりつせうあんこくろん》御講釈《こうしやく》し給ひ程《ほど》なく／御入滅近《ごにうめつちか》き事を示《しめ》し給ふ。同十月十一日経一丸《きやういちまる》を召《めし》ていよ〳〵／花洛《みやこ》の弘通《ぐづう》を命《めい》じ給ひ、同十三日に御入寂《ごにうじやく》し給ひぬ。翌《よく》十四日／御棺《くわん》の前《まへ》にて日朗《にちらう》上人自手《てづから》十四才の経一丸を剃髪《ていはつ》して／肥後阿闍梨日像《ひごあじやりにちぞう》と改《あらため》給ふなり。（以上第一面）

〈註〉弘安五年（一二八二）十月十一日に宗祖より華洛弘通の遺命があったことは、本絵伝および『龍華年譜』以前にはみえない。

池上での棺前剃髪と改名のことは、『本化別頭仏祖統紀』（二三八頁）にみえる。ただしそれを十月十四日とするのは本絵伝のみ。

東京都大田区池上本門寺内の大坊本行寺に、「御臨終の間」が残る【図版５】。

図版５　池上大坊本行寺

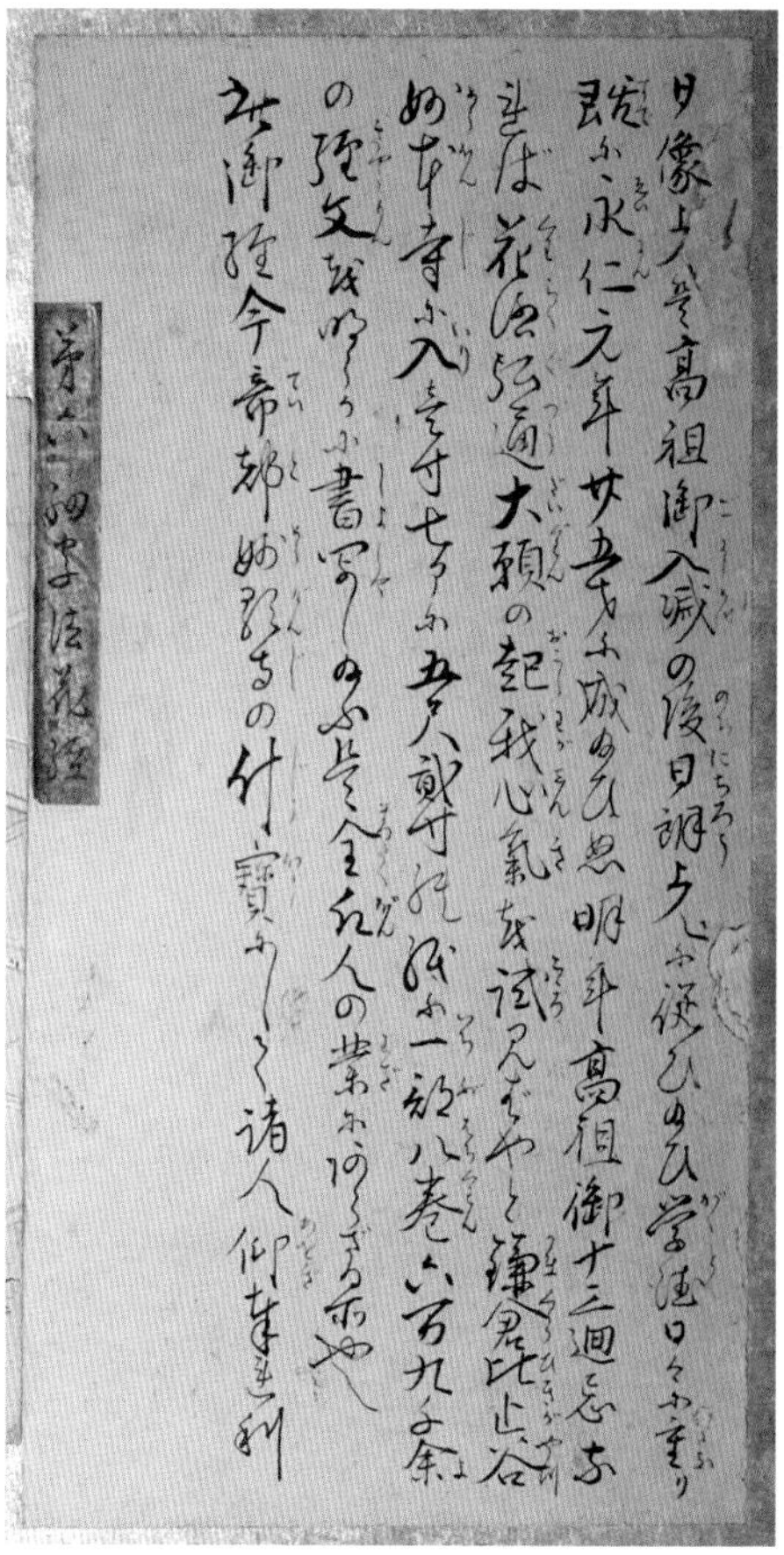

第六　細字法華経《さいじほけきょう》

〈詞〉日像上人《にちぞうしょうにん》は高祖御入滅後《こうそごにゅうめつご》、日朗《にちろう》上人に従って学徳を重ねた。永仁《えいにん》元年（一二九三）、二十五才になった日像上人は、「明年は高祖日蓮聖人の十三回忌になる。華洛弘通《からくぐづう》の大願《だいがん》を起こした自分の気持ちを試《こころ》みなければ」と、鎌倉比企《ひき》谷《がやつ》妙本寺《みょうほんじ》に入って、縦一寸七分（約五・一五センチ）、横五尺二寸（約一五七・五センチ）の紙に一部八巻六万九千余の法華経《ほけきょう》の経文《きょうもん》を書写《しょしゃ》した。これはまったく凡人にできる業ではない。この御経は今に帝都 妙顕寺《みょうけんじ》の什宝《じゅうほう》として諸人《しょにん》に仰がれている。

〈絵〉仏前で写経《しゃきょう》する「日像上人」、見守る「日朗上人」が描かれている。

〈原文〉「第六　細字法花経」／日像上人は高祖御入滅《ごにうめつ》の後日朗《のちにちろう》上人に従ひ給ひ学徳《がくとく》日々に重《かさな》り／既《すで》に永仁《えいにん》元年廿五才に成給ひぬ。明年高祖御十三回忌な／れば花洛弘通大願《くわらくぐつうだいぐわん》の起我心気《おこしわがしんき》を試《こころ》見ばやと鎌倉比企谷《かまくらひきがやつ》／妙本寺《めうほんじ》に入《いり》、壱寸七部に五尺貳寸の紙に一部八巻《いちぶはちくわん》六万九千余《よ》／の経文《きやうもん》を明らかに書写《しよしや》し給ふ。是全《まつたく》凡《ぼん》人の業《わざ》にあらざる所也。／此御経今帝都妙顕寺《ていとめうげんじ》の什寶《じうほう》にして諸人仰《あをぎ》奉れり。

〈註〉宗祖十三回忌前年の永仁元年（一二九三）に上洛を決意し忍力試行を行ったことは、『歴代略伝』以下の諸書に同じ。ただし『龍華年譜』『同備考』は正応五年（一二九二）とする。細字法華経のことは『龍華歴代師承伝』、『本化別頭仏祖統紀』（二三八頁）、『日像菩薩徳行記』（忍力試行第五）等。妙顕寺所蔵の像師「細字法華経」は【図版6】、縦六・二センチ、横一六三・〇センチ。奥書に「永仁元大才巳二月十二日／筆師日像生年廿五書之」とある。幕末から明治にかけて京都村上勘兵衛より数度出版されている。

図版6　細字法華経　妙顕寺所蔵

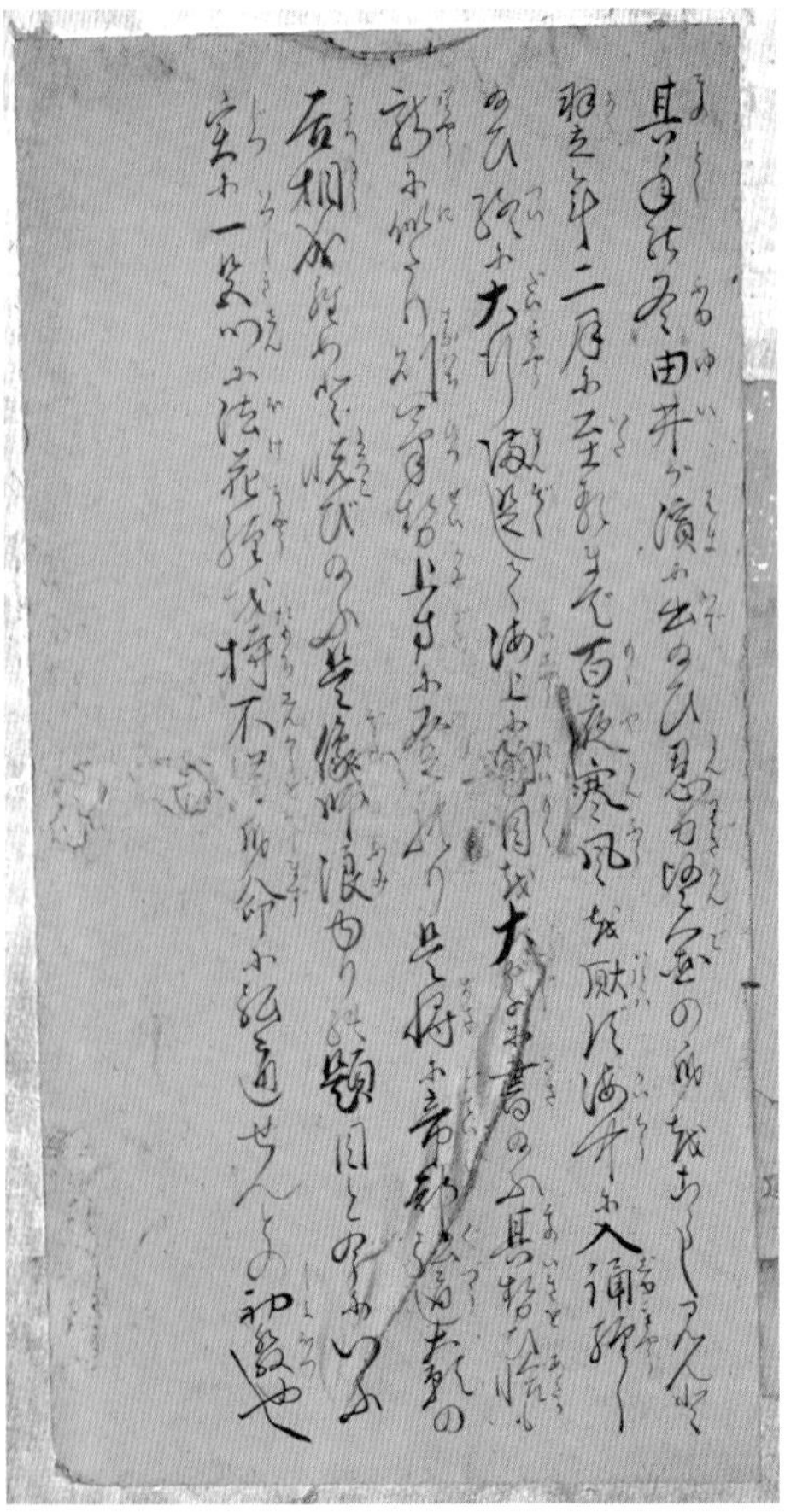

第七　海中寒修行《かいちゅうかんしゅぎょう》

〈詞〉その年（永仁元年）の冬、由比ヶ浜《ゆいがはま》に出て、忍耐力を試みようと、翌年二月に至るまでの百夜、寒風を厭《いと》わず海中に入って誦経《じゅきょう》した。成満《じょうまん》の日、海上に題目《だいもく》を大書した。その筆勢は龍に似て、筆端は上方に跳ね上がり、帝都弘通《ていとぐづう》大願《だいがん》の吉相《きっそう》にみえた。これを「像師浪《ぞうしなみ》ゆりの題目《だいもく》」と今に伝えている。不惜身命《ふしゃくしんみょう》の法華経《ほけきょう》弘通《ぐづう》の初めである。

〈絵〉筆を持って海面に「南無妙法蓮華経」の題目を書す「日像上人」が描かれる。

〈原文〉「第七　海中寒修行」／其年《そのとし》の冬《ふゆ》由井《ゆい》が濱《はま》に出《いで》給ひ忍力堅固《にんりきけんご》の身をこらし見んと／翌《よく》年二月に至《いた》るまで百夜《もゝや》寒風《かんふう》を厭《いとハ》ず海中《かいちう》に入誦経《じゆきやう》し／給ひ終《つい》に大行《だいぎやう》満足《まんぞく》して海上《かいじやう》に題目《だいもく》を大字《じ》に書《かき》給ふ。其勢《そのいきを》ひ恰《あたか》も／龍《りやう》に似《に》たり。則《すなハち》筆勢上方《ひつせいかみがた》に登《のぼ》れり。是将《まさ》に帝都弘通《ていとぐつう》大願の／吉相《きちさう》成らめと悦《よろこ》び給ふ。是像《ぞう》師浪《なみ》ゆりの題目と今にいふ。／実《じつ》に一色心《いっしきしん》に法花経《ほけきやう》を持《たもち》不惜身命《しんめうをおしまず》に弘通せんとの初発《しよほつ》也。

〈註〉永仁元年（一二九三）冬より翌年二月にかけての由比ヶ浜の寒中百日修行のことは、『大覚十五箇条』に「寿量品之偈百反ハ先師上洛可有候とて寒風に身をためし百ヶ夜之間、永仁元年十月廿六日より始而百巻ツ、誦之」（『妙顕寺文書二』三頁）とあり、『歴代略伝』、『龍華歴代師承伝』、『本化別頭仏祖統紀』（一二三八頁）、『日像聖人御伝記』（第二帝都の弘通をせんと心だめしの事付波ゆりのだいもくの事）、『日像菩薩徳行記』（忍力試行第五）等も同様に記す。ただし日住『与中山浄光院書』は「由井浜鳥井辺ニ毎暁頸ギハニ海水ニヒタリ百巻自我偈ヲ三年誦ケリト云云」（『宗全』一八巻八九頁）と、三年間の修行とする。また『龍華年譜』は正応五年（一二九二）十月二十六日より翌永仁元年二月七日までの修行とする。波ゆり題目のことは『歴代略伝』以下の諸書。『御伝記』『徳行記』に同様の挿図あり【図版8】【図版9】。

図版9　日像聖人御伝記　五丁表

図版7　由比ヶ浜（鎌倉市）

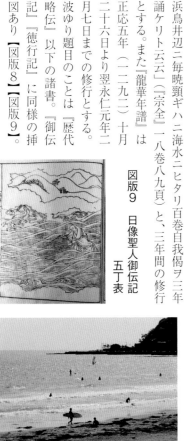

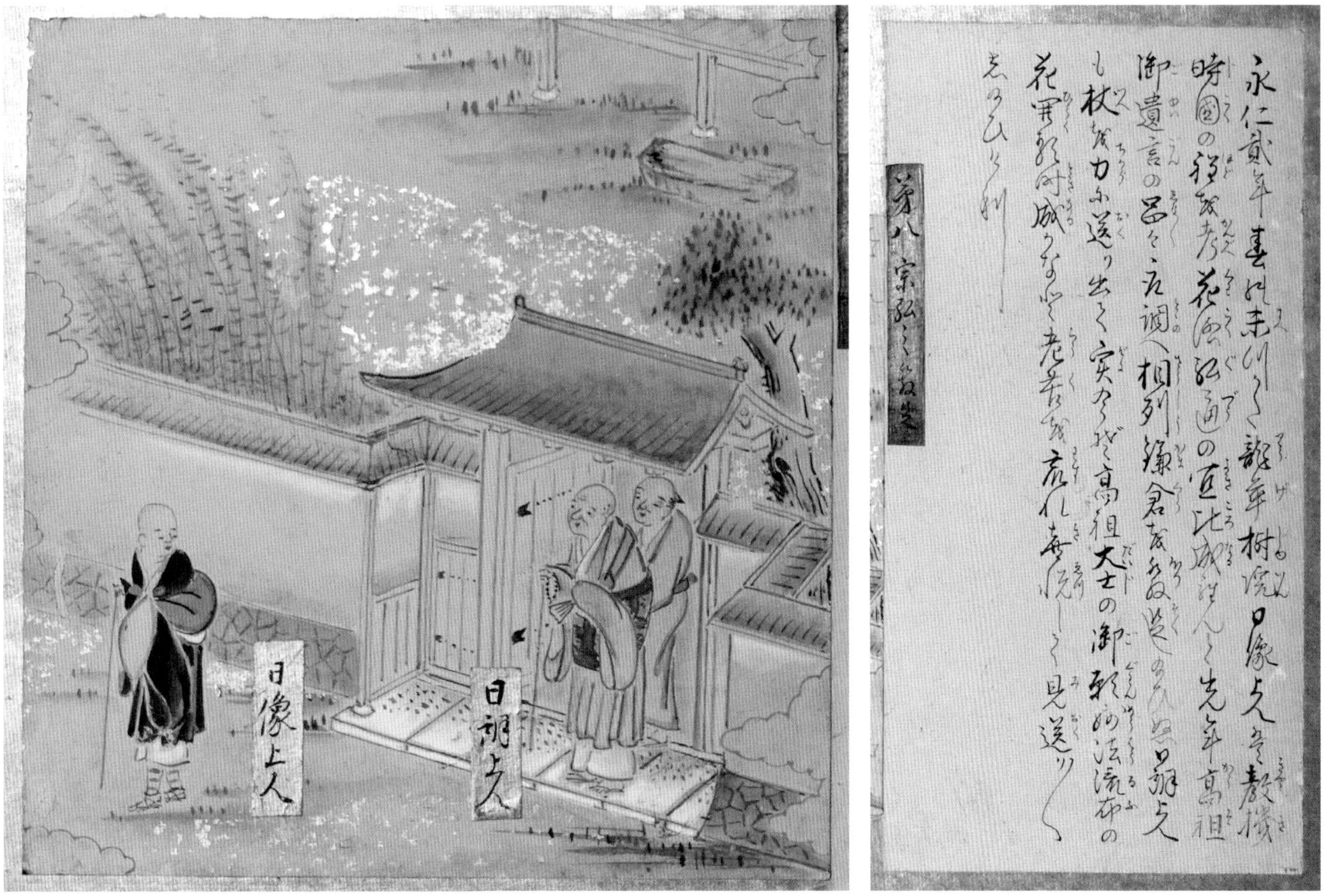

第八　宗弘《しゅうぐ》の発足《ほっそく》

〈詞〉永仁《えいにん》二年（一二九四）の春の末、龍華樹院日像上人《りゅうげじゅいんにちぞうしょうにん》は教《きょう》・機《き》・時《じ》・国《こく》の諸条件を考え、華洛弘通《からくぐづう》のよき頃合いと判断し、先年高祖《こうそ》より賜った遺品を調え相州鎌倉を発足された。日朗《にちろう》上人も杖を力に送り出て、「今こそ高祖大士《こうそだいじ》の願いであった妙法流布《みょうほうるふ》の花が開く時だ」と、老躯《ろうく》を忘れてお見送りなさった。

〈絵〉旅支度を調えて発足する「日像上人」を、「日朗上人」が杖をたよりに見送る場面が描かれている。

〈原文〉「第八　宗弘之発足」／永仁貮年春の末《すへ》つかた、龍華樹院《りうげじゆいん》日像上人は教《きやう》機《き》／時國《じこく》の程《ほど》を考《かんがへ》、花洛弘通《くわらくぐづう》の宜比成《よきころなる》らんと先年高祖《かうそ》／御遺言《ごゆいごん》の品々取調《とゝの》へ相州鎌倉《さうしうかまくら》を発足《ほつそく》し給ひぬ。日朗上人／も杖《つへ》を力《ちから》に送《おく》り出て実今《げに》ぞ高祖大士《だいじ》の御《ご》願《ぐわん》妙法流布《めうほうるふ》の／花開《ひらく》る時成《ときなる》かなと老苦《らうく》を忘《わす》れ喜悦《きゑつ》して見送《みおく》り〳〵／し給ひけり。

〈註〉永仁二年（一二九四）三月出立のことは『歴代略伝』以下の諸書と同じ。ただし『龍華年譜』は永仁元年出立とする。朗師見送りのことは諸書にみえない。

図版8　日像菩薩徳行記　五丁裏（第七参照）

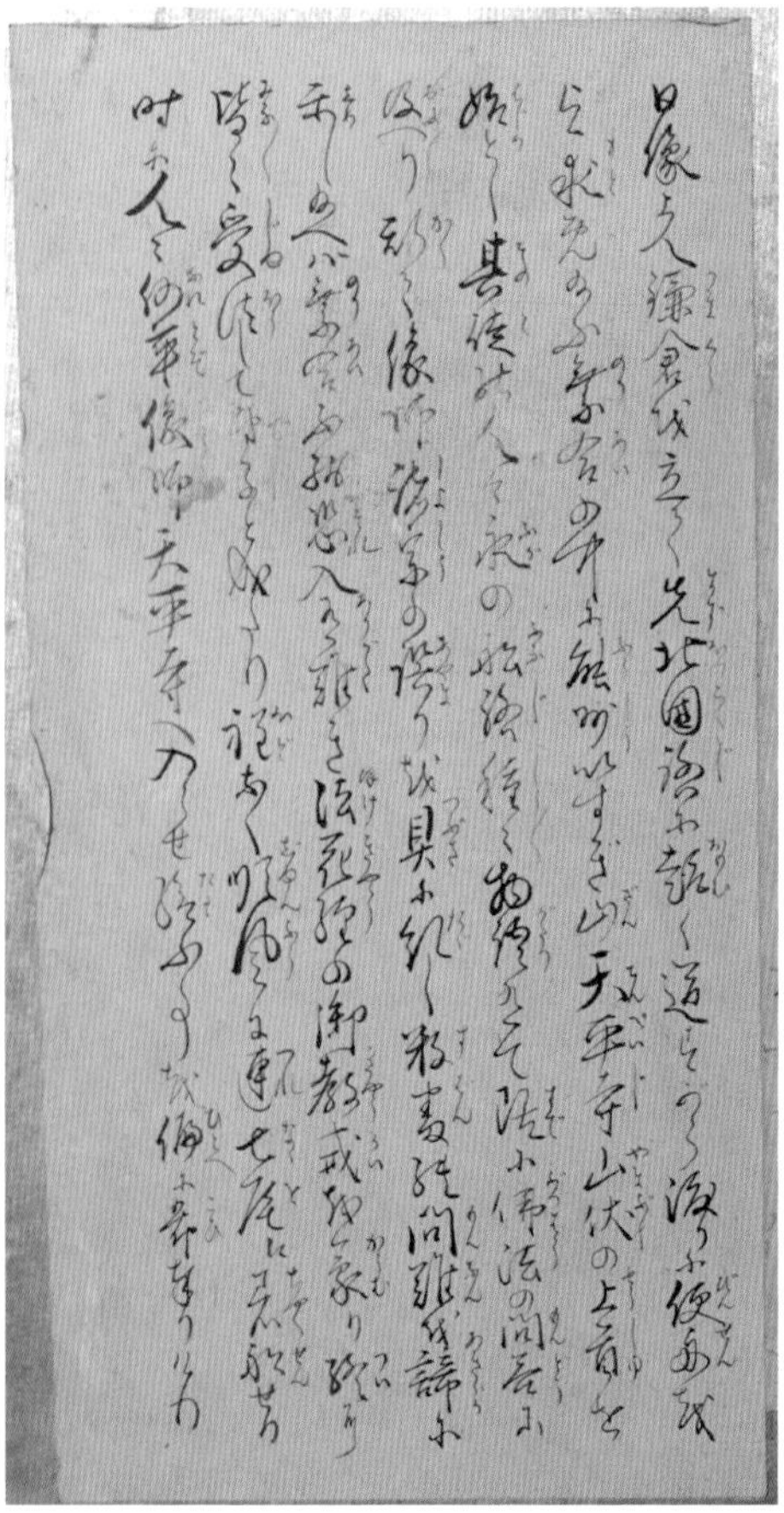

第九　北路《ほくぢ》の弘経《ぐきょう》

〈詞〉鎌倉を発った日像上人《にちぞうしょうにん》は、まず北国路《ほっこくじ》に赴き、道すがら便船《びんせん》を乞《こ》い求めた。乗り合わせた人の中に、能登国石動山天平寺《のとのくにいするぎさんてんぴょうじ》の山伏《やまぶし》の上首《じょうしゅ》と、その徒弟《とてい》らがあった。長い船旅の間、種々の物語をするうちに仏法《ぶっぽう》の問答《もんどう》となり、像師より具《つぶ》さに諸宗《しょしゅう》の誤りを糾《ただ》され、法華経《ほけきょう》による教誡《きょうかい》をされたので、人々はみな受法《じゅほう》して弟子となった。ほどなく船は七尾《ななお》に着いた。人々は像師に天平寺に入るよう願った。

〈絵〉港で乗船を乞う「日像上人」が描かれる。船中に僧侶（山伏）の姿がみえる。

〈原文〉「第九　北路之弘経」／日像上人鎌倉《かまくら》を立て先北国路《まずほっこくじ》に趣《おもむ》く道すがら渡りに便舟《びんせん》を／乞求《もと》め給ふ。乗合《のりあい》の中に能州《のうしゅう》いすぎ山天平寺《ざんてんぺいじ》山伏《やまぶし》の上首《せうしゅ》を／始《はじめ》と其徒《そのと》の人々永《なが》の舩路《ふなじ》種々物語《ものがたり》有て既《すで》に佛法《ぶっぽう》の問答《もんどう》に／及《およ》べり。斯《かく》て像師諸宗《しょしゅう》の誤《あやま》りを具《つぶ》に糺《たゞ》し数番《すばん》の問難《もんなん》を諦《あきらか》に／示《しめ》し給へバ乗合《のりあい》不残恐《なそれ》入有難《ありがた》き法花経《ほけきやう》の御教戒《きやうかい》を蒙《かうむ》り終《つい》に／皆々《みな〳〵》受法《じゆほう》して弟子《でし》と成たり。程《ほど》なく順風《じゅんふう》に連《つれ》七尾《なゝを》に着《ちやく》舩《せん》せる／時に人々何卒像師《なにとぞぞうし》天平寺へ入らせ給《たも》ふ事を偏《ひとへ》に希《こひ》奉りけり。

〈註〉石動山天平寺上首との船中問答のことは、『龍華歴代師承伝』（一〇丁裏）、『本化別頭仏祖統紀』（三六六頁）、『日像菩薩徳行記』（能州本土寺第二十九）。石動（せきどう・いするぎ・ゆするぎ）山は奈良時代以来の山岳信仰（修験道）の拠点で国指定史跡【図版10】。像師が上陸した七尾湾を見下ろす小丸山城跡に銅像が建つ【図版11】。

図版10　史蹟石動山

図版11　七尾市小丸山公園の日像上人銅像

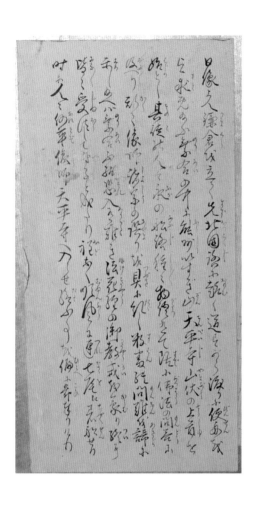

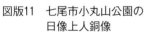

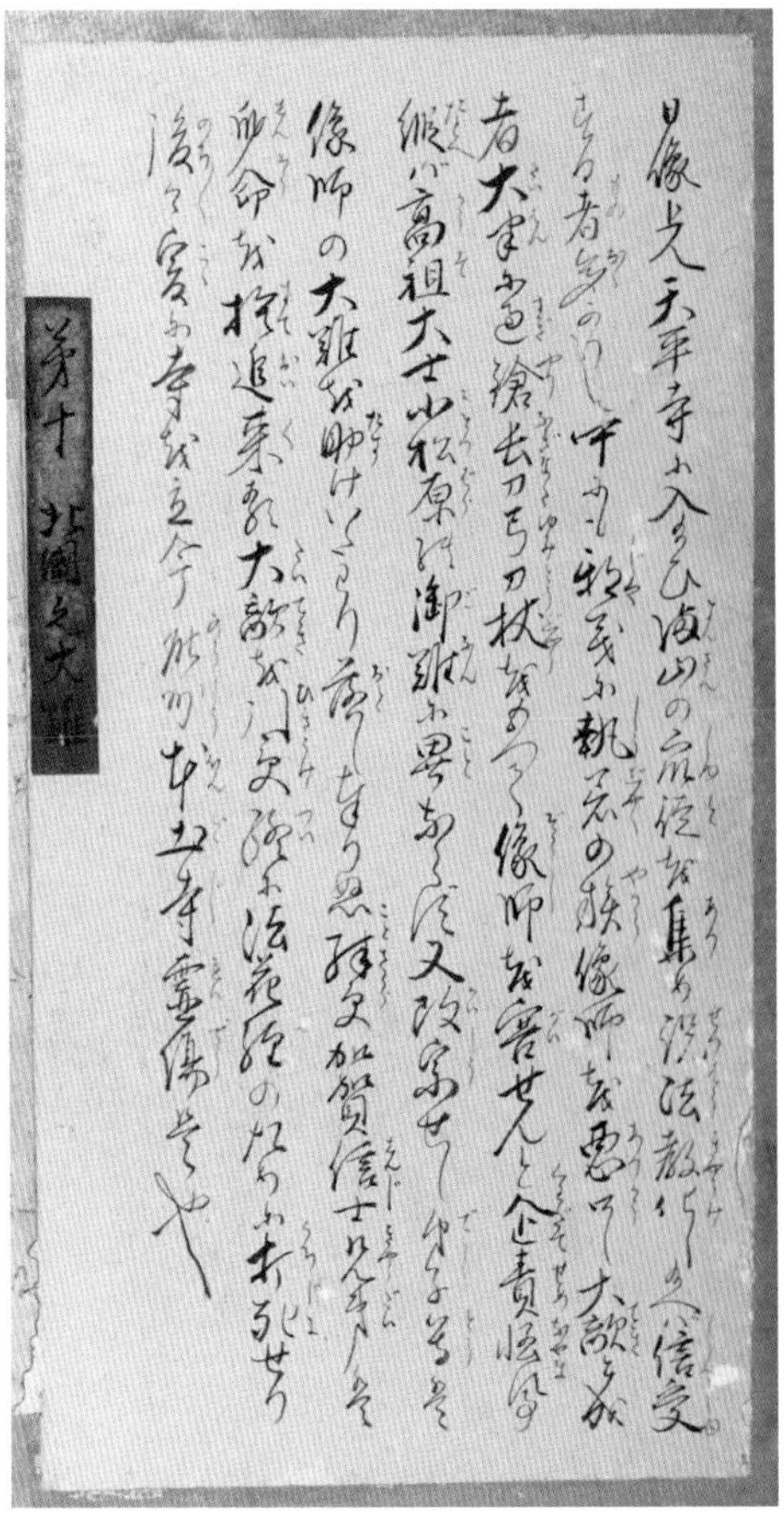

第十　北国《ほっこく》の大難《だいなん》

〈詞〉日像上人《にちぞうしょうにん》は天平寺《てんぴょうじ》に入り、満山《まんざん》の衆徒《しゅうと》を集めて説法《せっぽう》した。信受《しんじゅ》するものも多かったが、邪義《じゃぎ》に執着《しゅうちゃく》して像師《ぞうし》を大敵《だいてき》と思うものが大半であった。鎗《やり》・長刀《なぎなた》・弓《ゆみ》・刀杖《とうじょう》をもって像師を害そうとする有様は、宗祖《しゅうそ》の小松原《こまつばら》の法難《ほうなん》のようであった。改宗《かいしゅう》した弟子たちの助けによって像師は落ち延びることができたが、大敵を引き受けた加賀信士兄弟《かがしんじきょうだい》は、ついに法華経《ほけきょう》のために討ち死にしてしまった。ここに立てられた寺が、今の能登本土寺霊場《のとほんどじれいじょう》である。

〈絵〉法敵に追われ、弟子に守られながら落ち延びる「日像上人」、血を流しつつ奮戦する「加賀兄弟」が描かれる。

〈原文〉「第十　北国之大難」／日像上人天平寺に入給ひ満山《まんさん》の衆徒《しゅと》を集《あつ》め説法《せつはう》教化《きやうけ》し給へバ信受《しんじゅ》／する者多《ものお、》かりし。中にも邪《じゃ》義に執着《しうじやく》の族《やから》、像師を悪口《あつかう》し大敵《てき》と成／者大半《たいはん》に過《すぎ》、鎗長刀弓刀杖《やりなぎなたゆみとうじやう》をもつて像師《ぞうし》を害《がい》せんと企《くわだて》責悩《せめなやま》す事、／縦《たとへ》バ高祖《かうそ》大士小松原《こまつばら》の御難《ごなん》に異《こと》ならず。／又改宗《かいしう》せし弟子等《でしとう》は／像師の大難を助《たす》けいたわり落《おと》し奉りぬ。殊更《ことさら》加賀信士兄弟《しんじきやうだい》は／身命《しんめう》を捨追来《すておいく》る大敵《たいてき》を引受《ひきうけ》、終《つい》に法花経のために打死《うちじに》せり。／後々《のちのち》爰《こゝ》に寺を立。今能州本土寺霊場《のうしうほんどじれいぜう》是也。

〈註〉加賀兄弟と本土寺のことは、『龍華歴代師承伝』（一一丁表）、『本化別頭仏祖統紀』（一四三頁）、『日像菩薩徳行記』（能州本土寺第二十九）。

能州本土寺は、石川県鹿島郡中能登町西馬場にある。山号は常在山。日蓮宗宗門史跡（「日像上人北陸弘通最初法難の霊地　祐乗・道乗殉難の地」）【図版12】。

図版12　中能登町本土寺

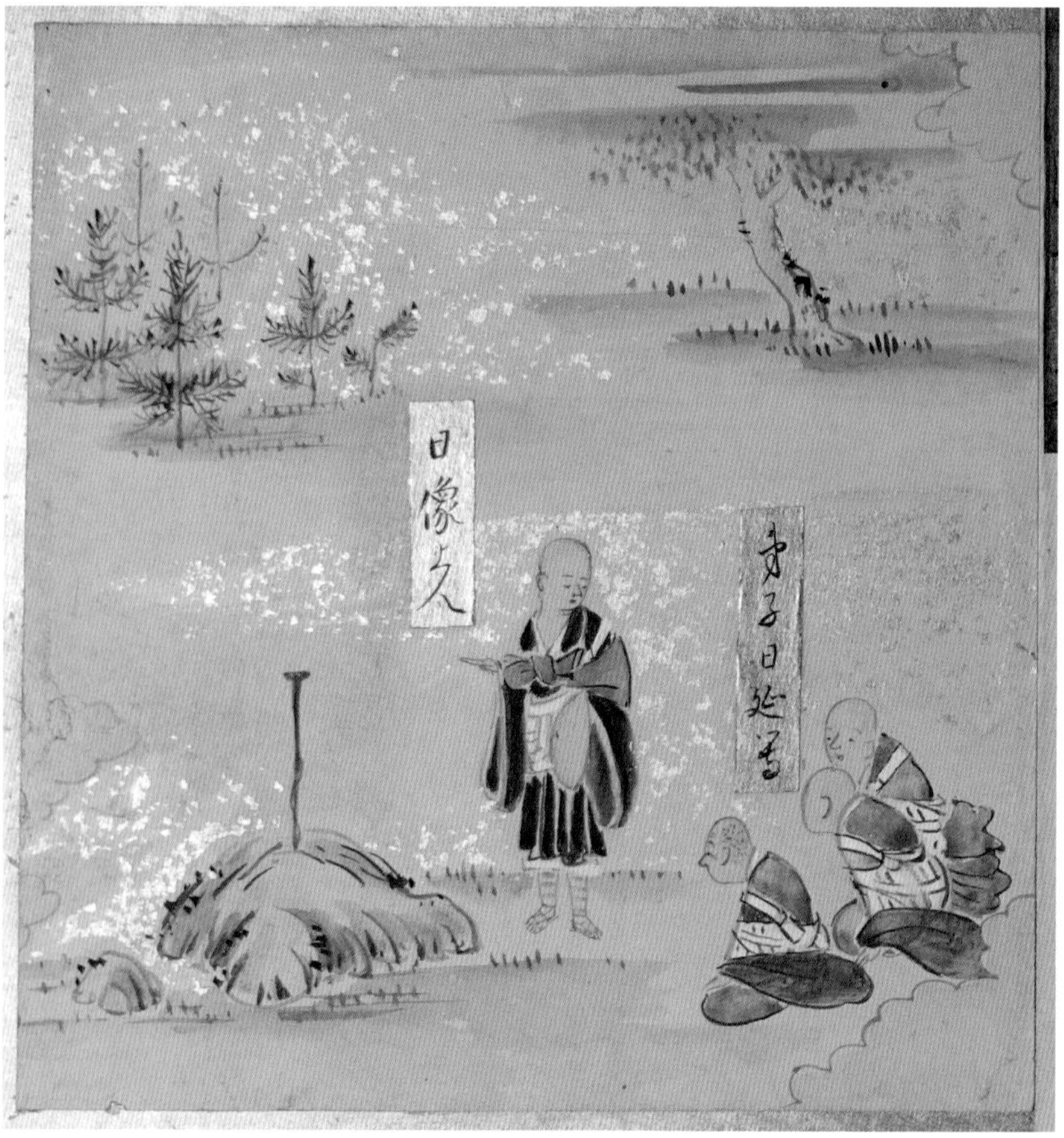

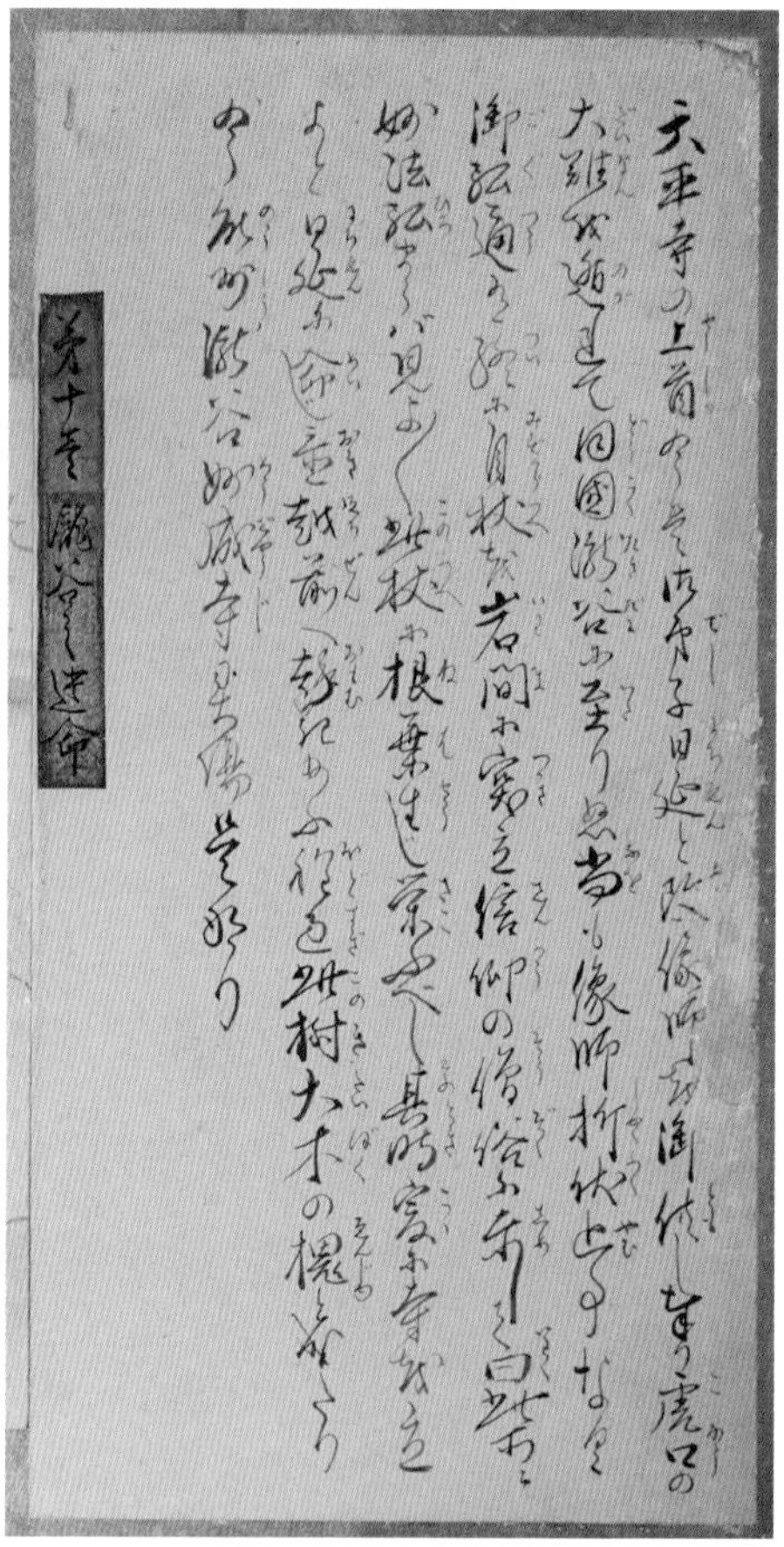

第十一　滝谷《たきだに》の遺命《いめい》

〈詞〉天平寺《てんぴょうじ》の上首《じょうしゅ》は今は像師《ぞうし》の弟子となり、日延《にちえん》と名を改め、像師の御供《おとも》をして虎口《ここう》の大難《だいなん》を逃れ、同国の滝谷《たきだに》に至った。像師はここで折伏弘通《しゃくぶくぐづう》した後、岩間《いわま》に杖《つえ》を突き立て、「この杖に根や葉が生じて栄えた時、ここに寺を立てよ」と日延に言い置いて越前《えちぜん》へ赴いた。ほどなくこの杖は大木の槐《えんじゅ》となった。今の能州滝谷妙成寺《みょうじょうじ》は、ここに開かれた霊場である。

〈絵〉岩間に杖を立てて教誡《きょうかい》する「日像上人」と、聞き入る「弟子日延等」が描かれている。

〈原文〉「第十壱　瀧谷之遺命」／天平寺の上首《せうしゅ》今は御弟子《でし》日延《にちゑん》と改《あ□□□》、像師《□□□》を御《□》供《とも》し奉り虎口《こかう》の／大難《だいなん》を遁《のが》れて同国瀧谷《どうこくたきだに》に至《いた》りぬ。尚《なを》も像師折伏《しやくふく》止事《やむ》なく／御《ご》弘通《ぐつう》有、終《つい》に自《みずから》杖《つへ》を岩間《いわま》に突《つき》立信仰《しんかう》の僧俗《そうぞく》に示《しめ》して曰《いわく》。此所ニ／妙法弘《ひろ》まらバ見よ〳〵此杖《このつへ》に根葉《ねは》生《せう》じ栄《さこ》ふべし。其時爰《そのときここ》に寺を立／よと日延《にちゑん》に命《めい》じ置《おき》、越《えち》前《ぜん》へ趣《おもむ》き給ふ。程過此樹《ほどすぎこのき》大木《たいぼく》の槐《ゑんじゅ》と成たり。／今能州《のうしう》瀧谷妙成寺《めうじやうじ》霊場是なり。

（以上第二面）

〈註〉槐の杖と滝谷妙成寺のことは、『龍華歴代師承伝』（一一丁裏）、『本化別頭仏祖統紀』（三六六頁）、『日像菩薩徳行記』（能州妙成寺第三十）。ただし本絵伝の「日延」を諸書は「日乗」に作る。

金栄山妙成寺は、石川県羽咋市滝谷町にある日蓮宗由緒寺院【図版13】。妙成寺の槐と杖塚については『金栄山妙成寺誌』『妙成寺史料調査報告書』を参照。

京都妙覚寺本堂の祖師像は、頭と両手を像師が滝谷妙成寺に植えた槐材で造ったとされている（『京都本山妙覚寺史』四九頁）。

図版13　滝谷妙成寺

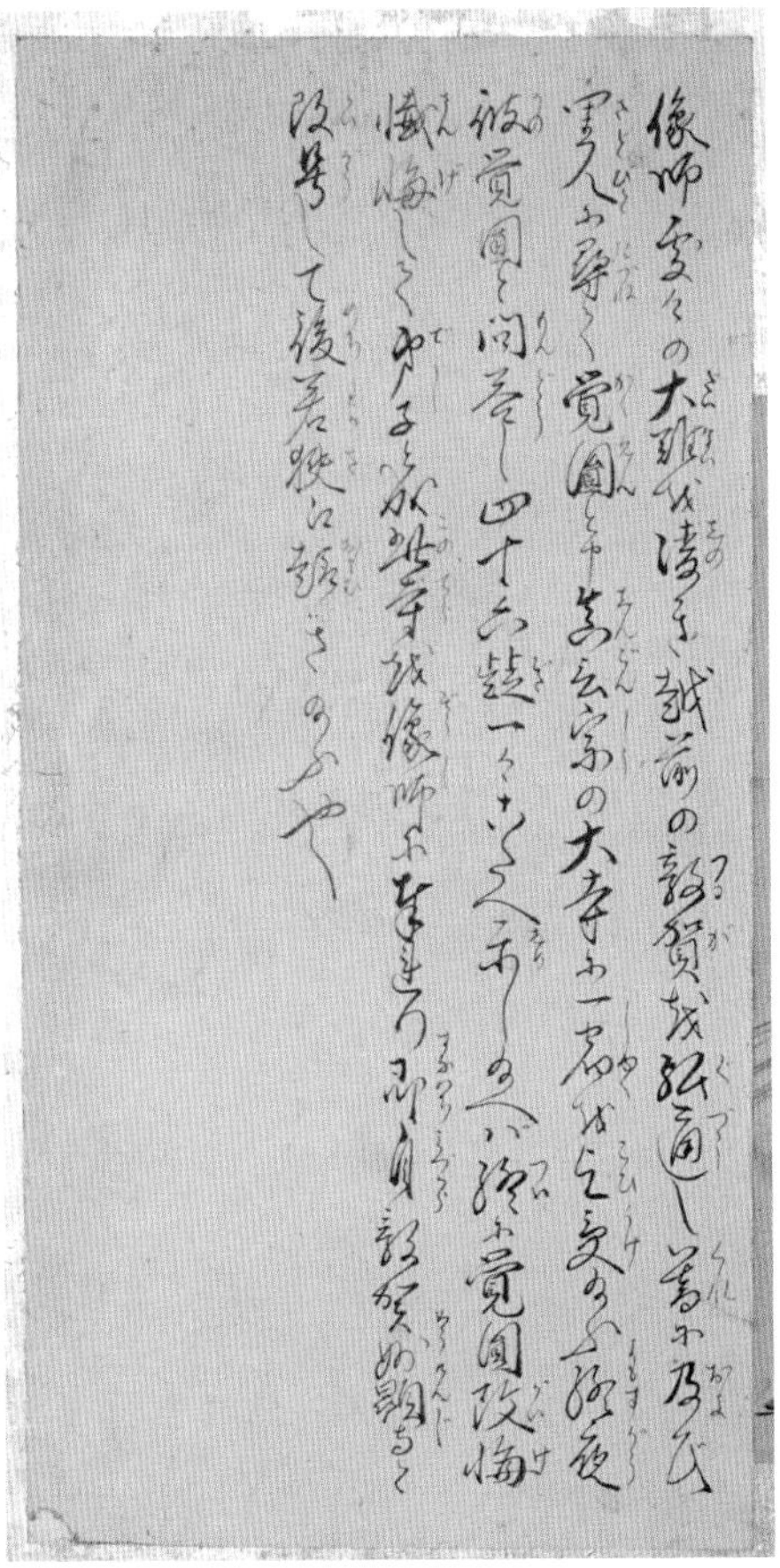

第十二　敦賀《つるが》の改寺《かいじ》

〈詞〉像師《ぞうし》は処々の大難《だいなん》を凌《しの》いで越前敦賀《えちぜんつるが》に弘通《ぐづう》に赴いた。暮に里人に尋ねて、覚円《かくえん》という僧の住む真言宗《しんごんしゅう》の大寺院に一宿を乞うた。像師はここで終夜、覚円と問答し、四十六番の質問に一つ一つ答えた。ついに覚円は改悔《かいげ》して像師の弟子となった。像師は覚円が奉った敦賀の寺を妙顕寺《みょうけんじ》と改め、若狭《わかさ》へと旅立った。

〈絵〉二王門《におうもん》を備えた大寺院で「日像上人」が住持《じゅうじ》の「覚円」と対論する場面が描かれる。右上には神社（気比神宮《けひじんぐう》）の鳥居《とりい》がみえる。

〈原文〉「第十貳　敦賀之改寺」／像師処々の大難《だいなん》を凌《しの》ぎ越前の敦賀《つるが》を弘通《ぐづう》し暮《くれ》に及《およ》び／里人《さとびと》に尋《たづね》て覚圓《かくえん》と申真言宗《しんごんしう》の大寺に一宿《しゆく》を乞受《こひうけ》給ふ。終夜《よもすがら》／彼《かの》覚圓と問答《もんどう》し四十六疑《ぎ》一々こたへ示《しめ》し給へバ終《つい》に覚圓改悔《がいけ》／懺悔《さんげ》して弟子《でし》と成、此寺《このてら》を像《ぞう》師に奉れり。即《すなハち》自《みづから》敦賀妙顕寺《めうけんじ》と／改号《かいがう》して後若狭《のちわかさ》江趣《おもむ》き給ふ也。

〈註〉真言僧覚円との問答と気比神宮寺改宗のことは『龍華歴代師承伝』（一二丁表）、『本化別頭仏祖統紀』（三六七頁）、『日像菩薩徳行記』（越前妙顕寺第三十二）。

敦賀妙顕寺は、山号を最初具足山といい、京都妙顕寺四箇聖跡の一つ。気比神宮とともに福井県敦賀市元町に所在【図版14】【図版15】。

図版14　気比神宮

図版15　敦賀妙顕寺

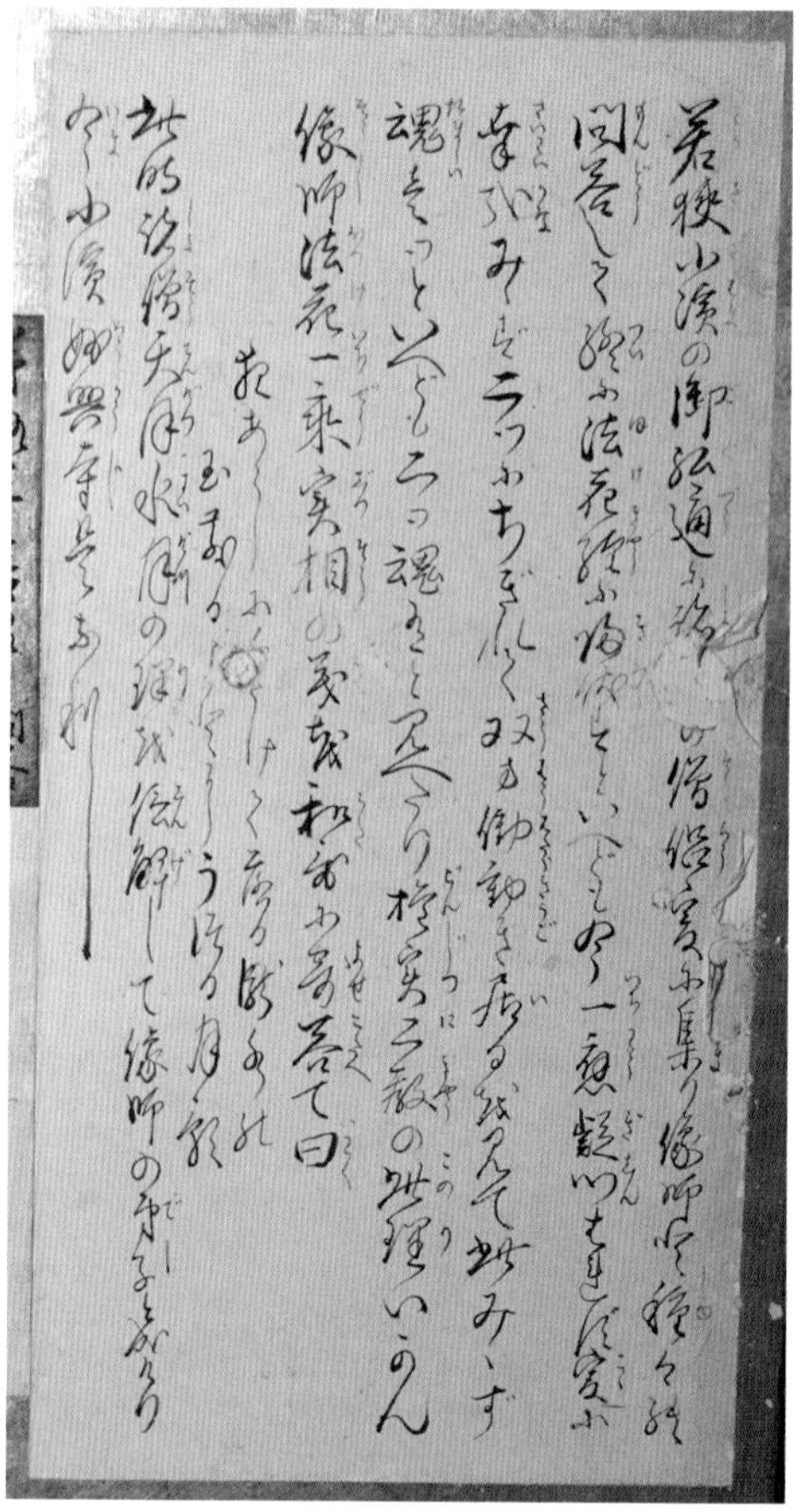

第十三　若州《じゃくしゅう》の問答《もんどう》

〈詞〉若狭小浜《わかさおばま》で弘通《ぐづう》した時、他宗《たしゅう》の僧侶《そうりょ》がここに集まって像師《ぞうし》と種々の問答《もんどう》をし、終《つい》に法華経《ほけきょう》に帰伏《きふく》したが、今一つ疑心が晴れなかった。たまたま二つにちぎれて動いているミミズを見て、ある僧が「このミミズの魂《たましい》は一つか二つか、権実二教《ごんじつにきょう》の理はいかに」と像師に問うた。像師は法華一実相《ほっけいちじっそう》の義を、夜嵐《よあらし》に砕《くだ》けて落ちる滝水《たきみず》の玉散《たまち》るごとに写《うつ》る月影《つきかげ》の和歌に託して答えた。この時、諸僧は天月水月《てんげつすいげつ》の理を信解《しんげ》して像師の弟子となった。今の小浜妙興寺《おばまみょうこうじ》はこうして開かれた。

〈絵〉川のほとりで問答する「日像上人」と「他宗僧」二人が描かれる。他宗僧は地上のちぎれたミミズを、像師は天上の月を指《ゆび》さしている。

〈原文〉「第拾三　若州之問答」／若狭小濱《わかさこはま》の御弘通《ごぐづう》に諸《しょ》□の僧侶《そうらう》爰に集り像師《□□ま》と種々《しゅく》の／問答《もんどう》して終《つい》に法花経《ほけきやう》に帰伏《きぶく》すといへども今一応疑心《いちわうぎしん》はれず。爰《こゝ》に／幸　哉《さいわいかな》、み丶ず二ツにちぎれて双方《さうはう》　働《はたらき》　動《うご》き居《い》るを見て、此み丶ず／魂《たましい》壱ツといへども二ツ魂有と見へたり。権実二教《ごんじつにきやう》の此理《このり》いかん。／像師《そうし》法花《ほつけ》一乗実相《いちぜうじつそう》の義を和歌《うた》に寄答《よせこたへ》て曰《いわく》。

夜あらしにくたけて落る瀧水の／玉散ることにうつる月影

此時諸僧天月水月《しょそうてんげつすいげつ》の理《り》を信解《しんげ》して像師の弟子《でし》と成けり。／今《いま》小濱妙興寺《めうこうじ》是なり。

〈註〉若狭小浜妙興寺開創のことは『龍華歴代師承伝』（一二丁裏）、『日像菩薩徳行記』（若州妙興寺第三十三）。ちぎれた蚯蚓《みみず》についての問答は、『本化別頭仏祖統紀』（若州小浜妙興寺第二代日禅上人伝　三六八頁）。「夜あらしに…」の和歌は、本絵伝と『龍華年譜』以前になし。ただし『龍華年譜』は「滝水」を「たきかわ」、「うつる月影」を「つきぞやどれる」に作る。『龍華年譜』は像師と問答して妙興寺を開いた僧を禅僧の素頓（日禅）・明覚（日善）兄弟とする。福井県小浜市の後瀬山妙興寺は、妙顕寺四箇聖跡の一【図版16】。

図版16　小浜妙興寺

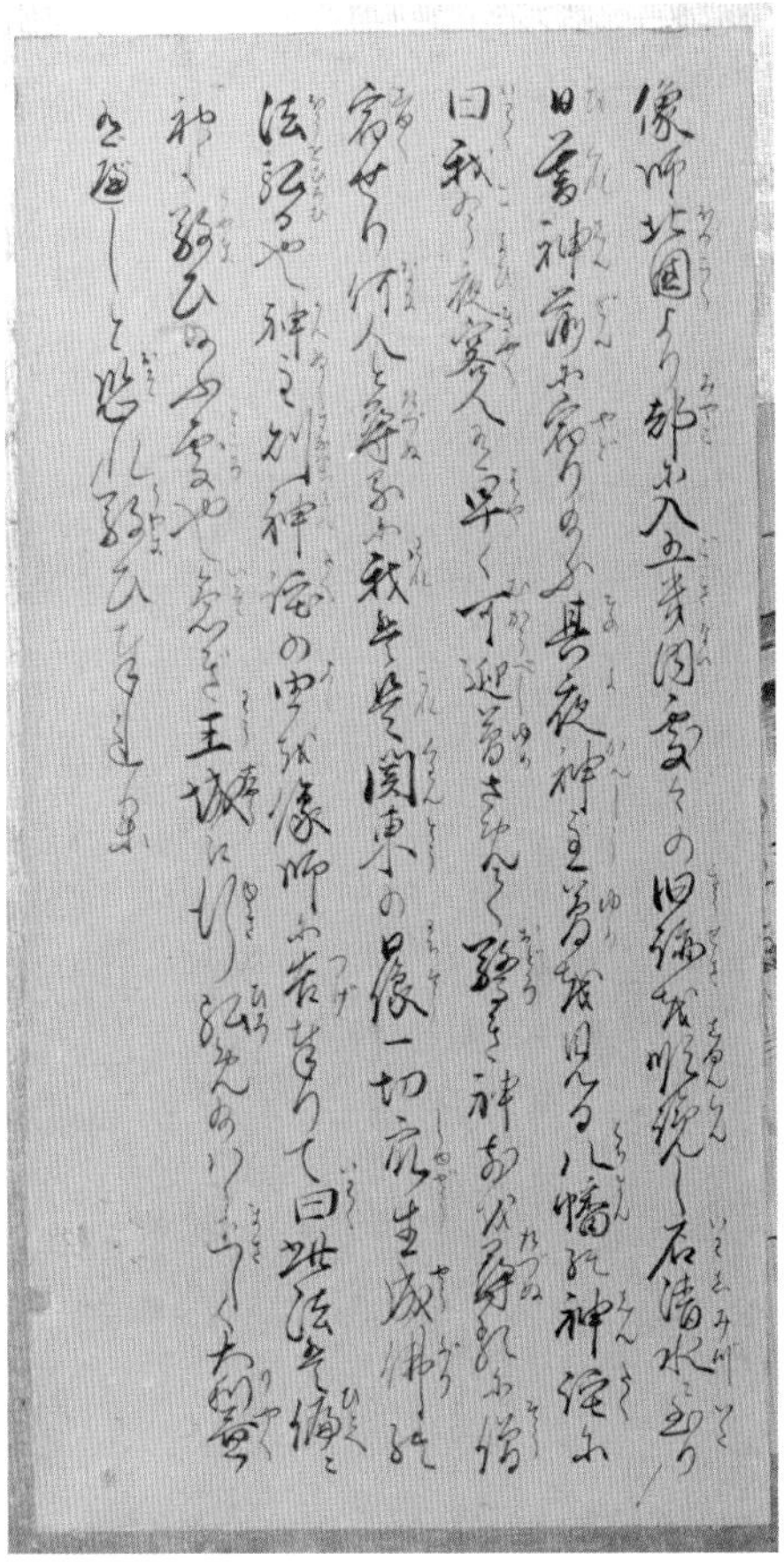

第十四　男山御神託《おとこやまごしんたく》

〈詞〉像師《ぞうし》は北国《ほっこく》より都《みやこ》に入ろうとして五畿内《ごきない》の旧跡《きゅうせき》を巡拝《じゅんぱい》した後、石清水《いわしみず》に至り、日暮れに八幡宮《はちまんぐう》の神前に宿った。その夜、神主《かんぬし》の夢に八幡神が現れ、「今夜客人がある。早く迎えよ」と告げた。神主は驚いて神前の像師を訪ね名を問うた。像師は「私は関東から来た日像というもので、一切衆生成仏《いっさいしゅじょうじょうぶつ》の法を弘めようとするものである」と答えた。神主は神託《しんたく》のことを告げ、「その法は神も敬いたもうところであるから、急ぎ王城《おうじょう》へ行って弘めれば、まさしく大利益《だいりやく》があろう」と像師を恐れ敬った。

〈絵〉大社の入り口に宿す「日像上人」を、供を連れた「八幡神主」が訪ねる場面が描かれている。

〈原文〉「第拾四　男山御神託」／像師北國《ほっこく》より都《みやこ》に入五畿内《ごきない》處々の旧跡《きうせき》を順覧《じゆんらん》し石清水《いわしみづ》ニ至《いた》り／日暮神前《ひくれしんぜん》に宿《やど》り給ふ。其夜神主夢《そのよかんしうゆめ》を見る八幡《はちまん》の神託《しんたく》に／曰《いわく》。我今夜客人《こよひきやく》有、早《はや》く可迎《むかうべし》。夢《ゆめ》さめて驚《おどろ》き神前を尋《たづぬ》るに僧《そう》／宿《しゆく》せり。何《なに》人と尋《たづぬ》るに我《われ》は是関東《これくわんとう》の日像《にちそう》一切衆生成佛《しゆぜうせうぶつ》の／法弘《ほうをひろむ》る也。神主則《かんぬしすなハち》神託《しんたく》の由《よし》を像師に告《つげ》奉りて曰《いわく》、此法は偏《ひとへ》ニ／神も敬《うやま》ひ給ふ處《ところ》也。急《いそ》ぎ王城《わうじやう》江行弘《ゆきひろ》め給ハ、正《まさ》しく大利益《りやく》／有べしと恐《おそ》れ敬《うやま》ひ奉れり。

〈註〉石清水八幡神主の神託のことは『龍華歴代師承伝』（七丁表）、『本化別頭仏祖統紀』（一三九頁）、『日像菩薩徳行記』（八幡神託第七）、『日像聖人御伝記』（第四京都へ入方々修行し八幡宮つげある事）。

石清水八幡宮は京都府八幡市の男山の山頂に鎮座する神社で、旧称は「男山八幡宮」。二十二社（上七社）の一社で、伊勢神宮とともに二所宗廟の一とされる【図版17】。

図版17　石清水八幡宮

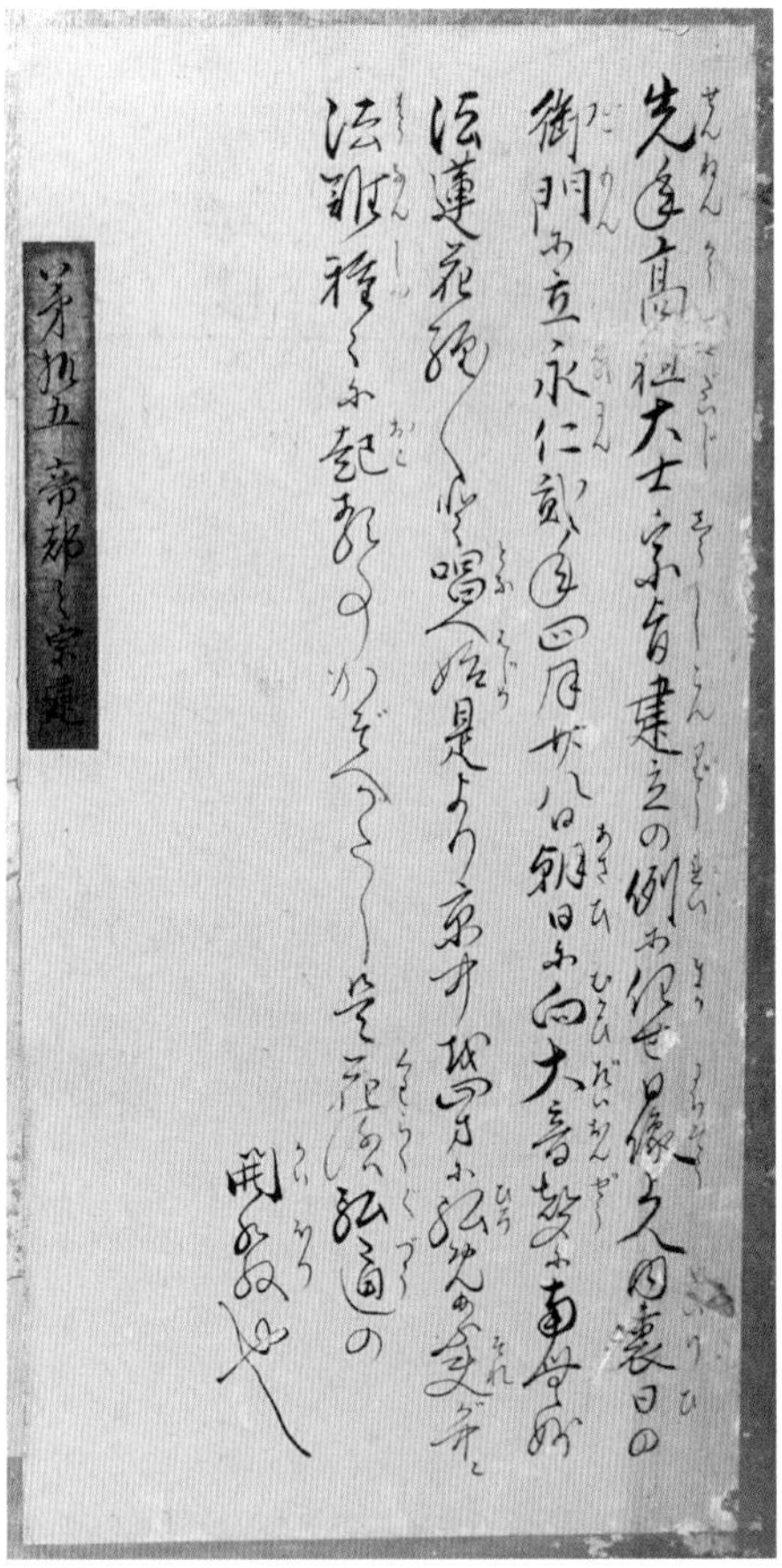

第十五　帝都《ていと》の宗建《しゅうこん》

〈詞〉かつての高祖日蓮大士《こうそにちれんだいじ》の宗旨建立《しゅうしこんりゅう》（立教開宗《りっきょうかいしゅう》）にならい、像師《ぞうし》は内裏《だいり》の日《ひ》の御門《ごもん》に立ち、永仁《えいにん》二年（一二九四）四月二十八日、朝日に向かって大音声《だいおんじょう》に南無妙法蓮華経《なむみょうほうれんげきょう》の題目《だいもく》を唱えた。これより京中《きょうちゅう》を四方に弘通《ぐづう》し、法難《ほうなん》が数えきれないほど起こる。華洛弘通《からくぐつう》の最初である。

〈絵〉御所《ごしょ》の門前で旭日を拝する「日像上人」が描かれる。

〈原文〉「第拾五　帝都之宗建」／先年高祖大士宗旨建立《せんねんこうそだいじしゅうしこんりゅう》の例《れい》に任《まか》せ日像《にちぞう》上人内裏《だいり》日《ひ》の／御門《ごもん》に立永仁《えいにん》貮年四月廿八日朝日《あさひ》に向大音声《むかひだいおんぜう》に南無妙／法蓮花経〱と唱《とな》へ始《はじめ》、是より京中を四方に弘《ひろ》め給ふ。夫《それ》が中ニ／法難種《ほうなんしゅ》々に起《おこ》る事かぞへがたし。是花洛弘通《くわらくぐづう》の／開発《かいほつ》也。（以上第三面）

〈註〉永仁二年（一二九四）四月入洛のことは『妙蓮寺祖師記』、『日像門家分散之由来記』（『宗全』一八巻一一七頁）。内裏日の御門（東門）にて題目を唱えたことは『歴代略伝』、『龍華歴代師承伝』（七丁裏）、『本化別頭仏祖統紀』（一二三九頁）、『日像菩薩徳行記』（帝都弘法第八）、『日像聖人御伝記』（第五日像内裏の東門にて題目を唱給ふ事）。『御伝記』に同様の挿図あり【図版18】。現在の京都御所東門（建春門）は、安政二年（一八五五）の再建という【図版19】。

図版18　日像聖人御伝記　九丁表

図版19　京都御所建春門

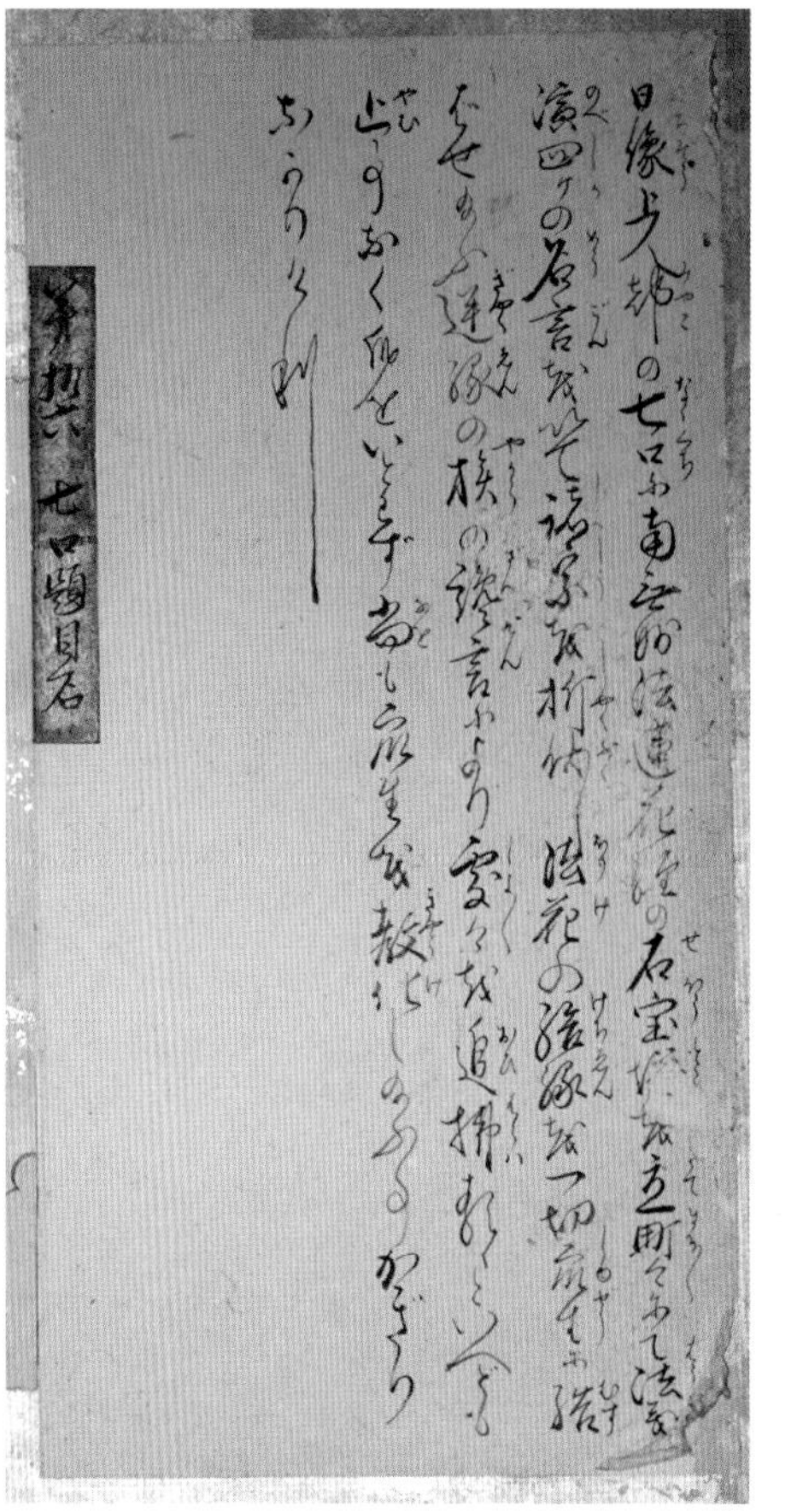

第十六　七口題目石《ななくちだいもくせき》

〈詞〉日像上人《にちぞうしょうにん》は都の七つの出入り口に「南無妙法蓮華経《なむみょうほうれんげきょう》」の題目《だいもく》を書いた石塔《せきとう》を立て、町々に法義《ほうぎ》を宣べ、四箇《しか》の名言《めいげん》（念仏無間《ねんぶつむげん》・禅天魔《ぜんてんま》・真言亡国《しんごんぼうこく》・律国賊《りっこくぞく》）をもって諸宗《しょしゅう》を折伏《しゃくぶく》し、人々を法華経《ほけきょう》に結縁《けちえん》させた。逆縁《ぎゃくえん》の輩《やから》の讒《ざん》言《げん》によって処《ところ》を追われても、身をいとわず衆生教化《しゅじょうきょうけ》を続けた。

〈絵〉「南無妙法蓮華経」の題目石塔を指さして説法する「日像上人」、礼拝《らいはい》する信徒と旅人が描かれる。傍《かたわ》らには草刈《くさかり》をする子供がおり、像師は草刈籠《かご》に座している。

〈原文〉「第拾六　七口題目石」／日像《にちぞう》上人都《みやこ》の七口《なゝくち》に南無妙法蓮花経の石宝塔《せほうとう》を立町々《たてまち〳〵》にて法義《はうぎ》／演四《のべし》ヶ《か》の名言《めうごん》を以て諸宗《しよしう》を折伏《しやくぶく》し法花《ほつけ》の結縁《けちゑん》を一切衆生《しゆぜう》に結《むす》／ばせ給ふ。逆縁《ぎやくゑん》の族《やから》の讒言《ざんげん》により処々《しよ〳〵》を追拂《おひはらハ》る、といへども／止事《やむ》なく身をいとわず尚《なを》も衆生を教化《きやうけ》し給ふ事かぎり／なかりけり。

〈註〉京七口に題目石を立てたことは『日像聖人御伝記』（第七日像都の七口に石塔を立給事）。都の七口とは、同書によれば、御菩薩池口（鞍馬口）・四宮河原口（粟田口）・木幡口（伏見口）・作道口（東寺口）・西七条口（丹波口）・西坂本口（大原口）・蓮台野口（長坂口）。

北野天満宮の御前通に面した法華寺は、日像上人が「芻子之簣」（すうしのあじか＝草取りの子供の籠）を猊座として説法した旧跡と伝え（元政「北野法華寺記」『草山集』巻五）、草刈り籠に座した日像菩薩像が奉安されている【図版20】。また隣接する十如寺境内の四面題目石塔は、像師が京七口の一つ作道口に建てた塔と伝える（『龍華年譜備考』下三五裏）【図版21】。

図版20　北野法華寺の像師説法像

図版21　北野十如寺の題目石塔

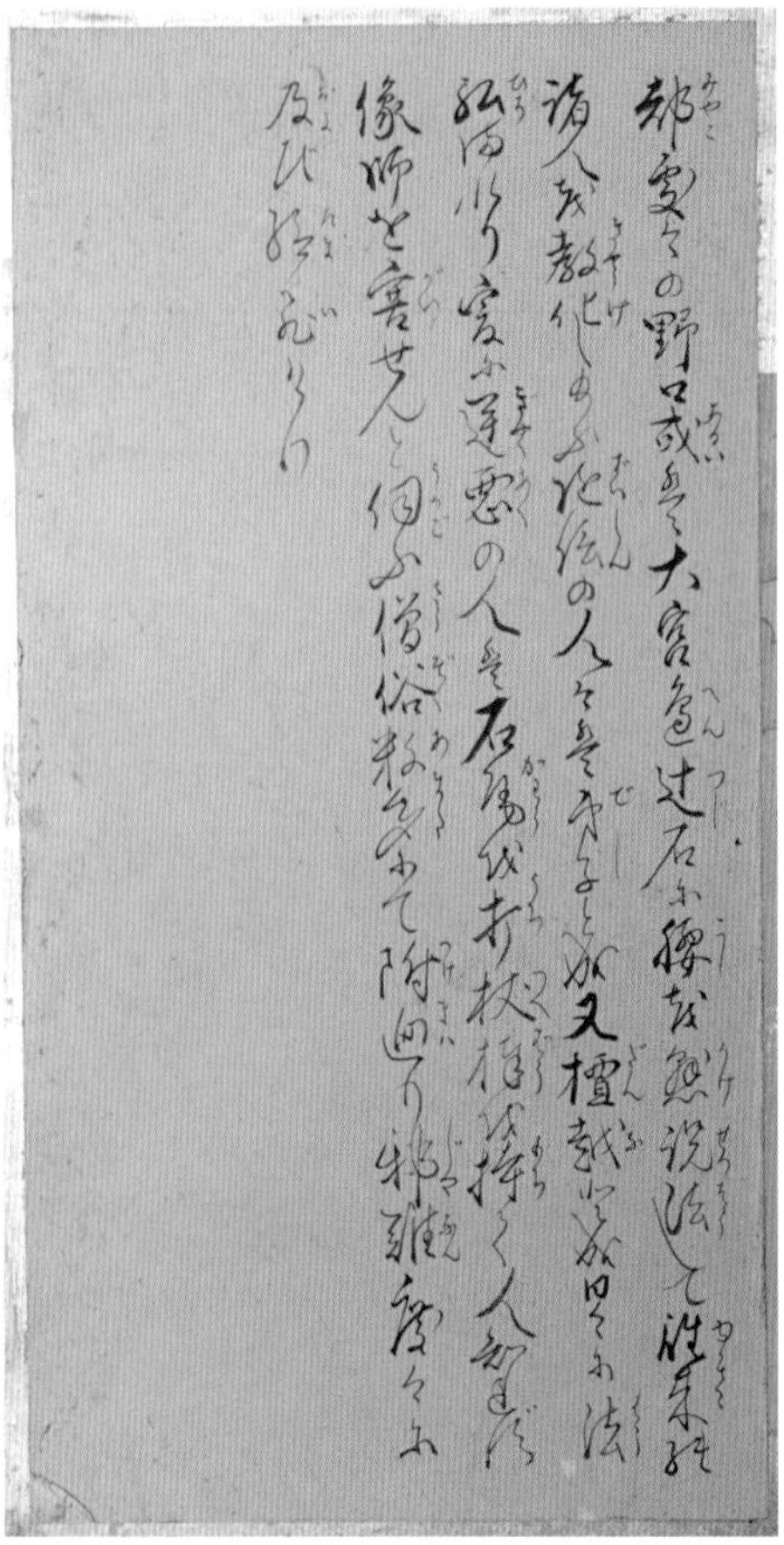

第十七　洛中辻説法《らくちゅうつじせっぽう》

〈詞〉像師《ぞうし》は都の処々《しょしょ》の野口《のぐち》や大宮辺《おおみやへん》の辻石《つじいし》に腰掛けて往来の諸人を教化《きょうけ》した。随う人々は弟子《でし》・檀那《だんな》となり、日々法が弘まった。しかし悪逆《あくぎゃく》の人は石や瓦を投げ、杖や棒をもって人知れず像師を害そうと機会を窺《うかが》う僧俗《そうぞく》も多く　法《ほう》難《なん》は度々《たびたび》に及んだ。

〈絵〉辻の大木の下、石に腰掛けて往来の人々に説法する「日像上人」が描かれる。

〈原文〉「第拾七　洛中辻説法」／都《みやこ》處々の野口或《あるい》は大宮邊辻《へんつじ》石に腰《こし》を懸説法《かけせっぽう》して往来《ゆきき》の／諸人を教化《きやうけ》し給ふ。随信《ずいしん》の人々は弟子《でし》と成、又檀越《だんな》と成日々に法《ほう》／弘《ひろ》まれり。爰に逆悪《ぎやくあく》の人は石瓦《がわら》を打杖棒《うちつへぼう》を持《もち》て、人しれず／像師を害《がい》せんと伺《うかご》ふ僧俗数多《そうぞくあまた》にて附廻《つけまハ》り邪難《じやなん》度々に／及《およ》び給《たま》ひ《い》けり。

〈註〉像師が腰掛けて説法したと伝える石に、深草宝塔寺の本廟の前の「日像菩薩法輪石（高座石）」、がある【図版22】。「像師を害せんと」した人のあったことは、暦応元年（一三三八）と推定される八月二十九日付大覚僧都御房宛の像師自筆書状に、「彼人当寺の敵と成候て日像を殺害せんと仕候」（妙顕寺古文書64）とある。

図版22　日像菩薩説法石　深草宝塔寺

図版23　日像聖人画像　京都妙顕寺所蔵（第二十七参照）

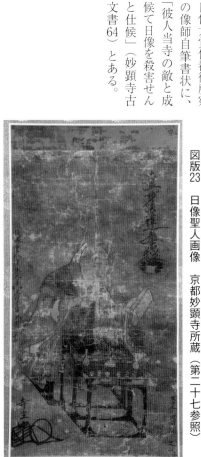

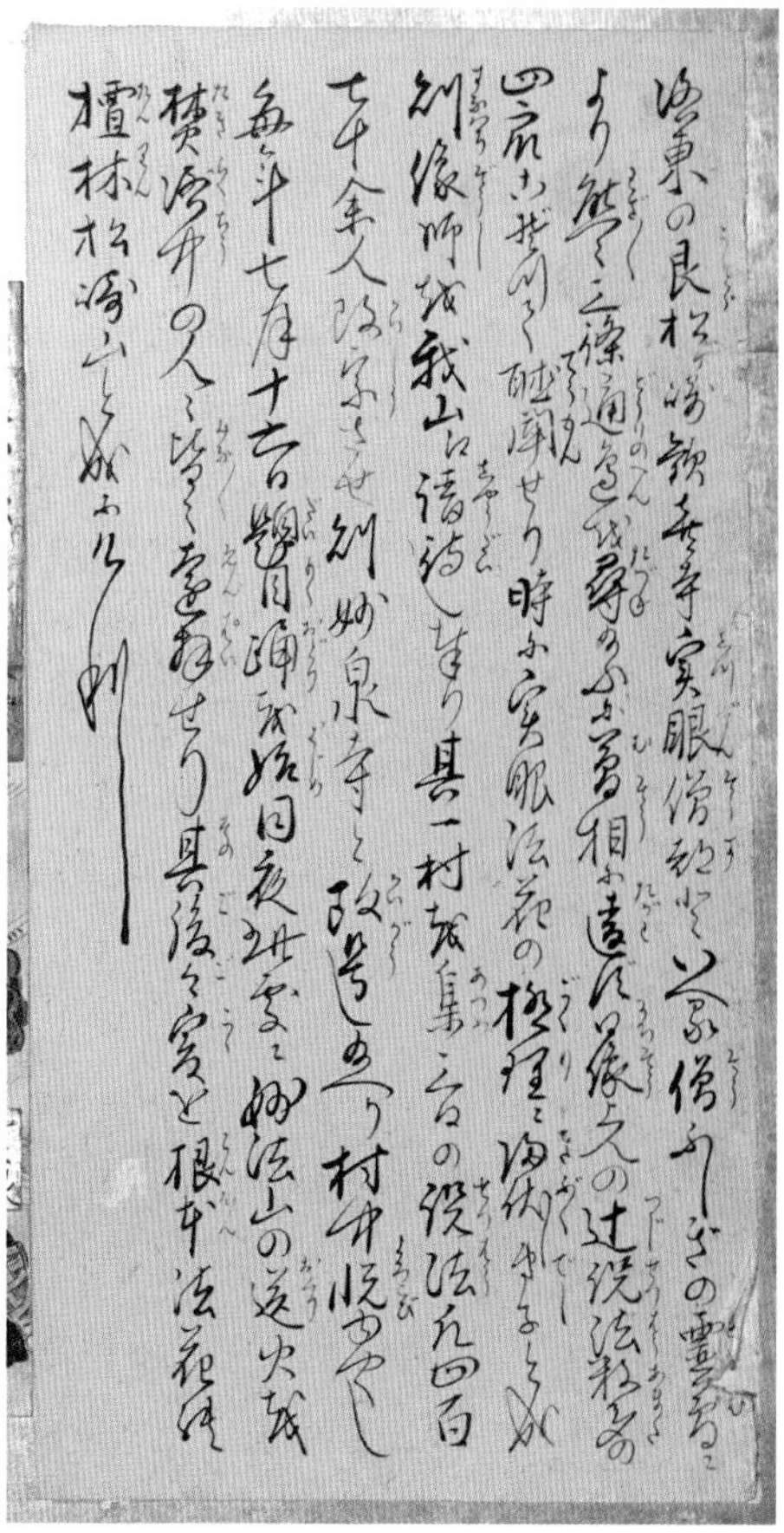

第十八　松《まつ》ヶ崎改《がさきかい》宗《しゅう》

〈詞〉洛東松《らくとうまつ》ヶ崎歓喜《がさきかんぎ》寺《じ》の実眼僧都《じつげんそうず》は、不思議な霊夢《れいむ》によって三条通辺《さんじょうどおりあた》りを尋ねたところ、日像上人《にちぞうしょうにん》の辻説法《つじせっぽう》に出会った。実眼は法華《ほっけ》に帰伏《きぶく》して弟子となり、像師を松ヶ崎の寺に招いた。三日の説法の内、四百七十余人の村民が残らず改宗《かいしゅう》し、寺号《じごう》が妙泉寺《みょうせんじ》と改められた。村民は勇躍歓喜《ゆうやくかんぎ》し、毎年七月十六日の題目踊《だいもくおど》りが初まり、「妙法」の送り火が焚かれ、洛中《らくちゅう》の人々が遙拝《ようはい》した。後、この寺に日蓮宗の根本檀林《こんぽんだんりん》たる松《まつ》ヶ崎檀林《がさきだんりん》が開かれた。

〈絵〉堂内で説法する「日像上人」、庭で拝聴する「実眼」と信徒。太鼓を打ち踊る村民、「妙法」の焚き火が描かれる。本図より像師の衣《ころも》・袈裟《けさ》が変わる。

〈原文〉「第拾八　松ヶ崎改宗」／洛東の艮《うしとら》松ヶ崎歓喜寺実眼僧都《しつげんそうず》といへる僧《そう》ふしぎの霊夢《れいむ》ニ／より態々《わざく》三條通邊《どうりのへん》を尋《たづね》給ふに夢相《むそう》に違《たがわ》ず日像《にちぞう》上人の辻説法《つじせつはう》則《すなハち》数多《あまた》の／四衆こぞつて聴聞《てうもん》せり。時に実眼法花の極理《ごくり》ニ帰伏《きぶく》し弟子《でし》と成、／則像師《ぞうし》を我山江請待《しやうだい》し奉り其一村を集《あつめ》、三日の説法《せつはう》凡四百／七十余人改宗《かいしう》させ則妙泉寺と改号《かいがう》し給へり。村中悦《よろこび》ゆやくし／毎年七月十六日題目踊《だいもくおどり》を始《はじめ》、日夜此處ニ妙法山の送《おくり》火を／焚洛中《たきらくちう》の人々皆々《みなく》遠拝《えんぱい》せり。其後々爰《そのごごこ》を根本《こんほん》法花経／檀林《たんりん》松崎山と成にけり。

〈註〉松ヶ崎の実眼と一村改宗のことは『本化別頭仏祖統紀』（二四二頁）、『日像聖人御伝記』（第十松ヶ崎実眼僧都帰伏の事）。

松ヶ崎（京都市左京区）妙泉寺は大正七年、本涌寺と合併して涌泉寺となる。

松ヶ崎の妙法送り火と題目踊りは、盆行事として今に続いている【図版24】【図版25】。

図版24　妙法送り火

図版25　松ヶ崎涌泉寺と題目踊り

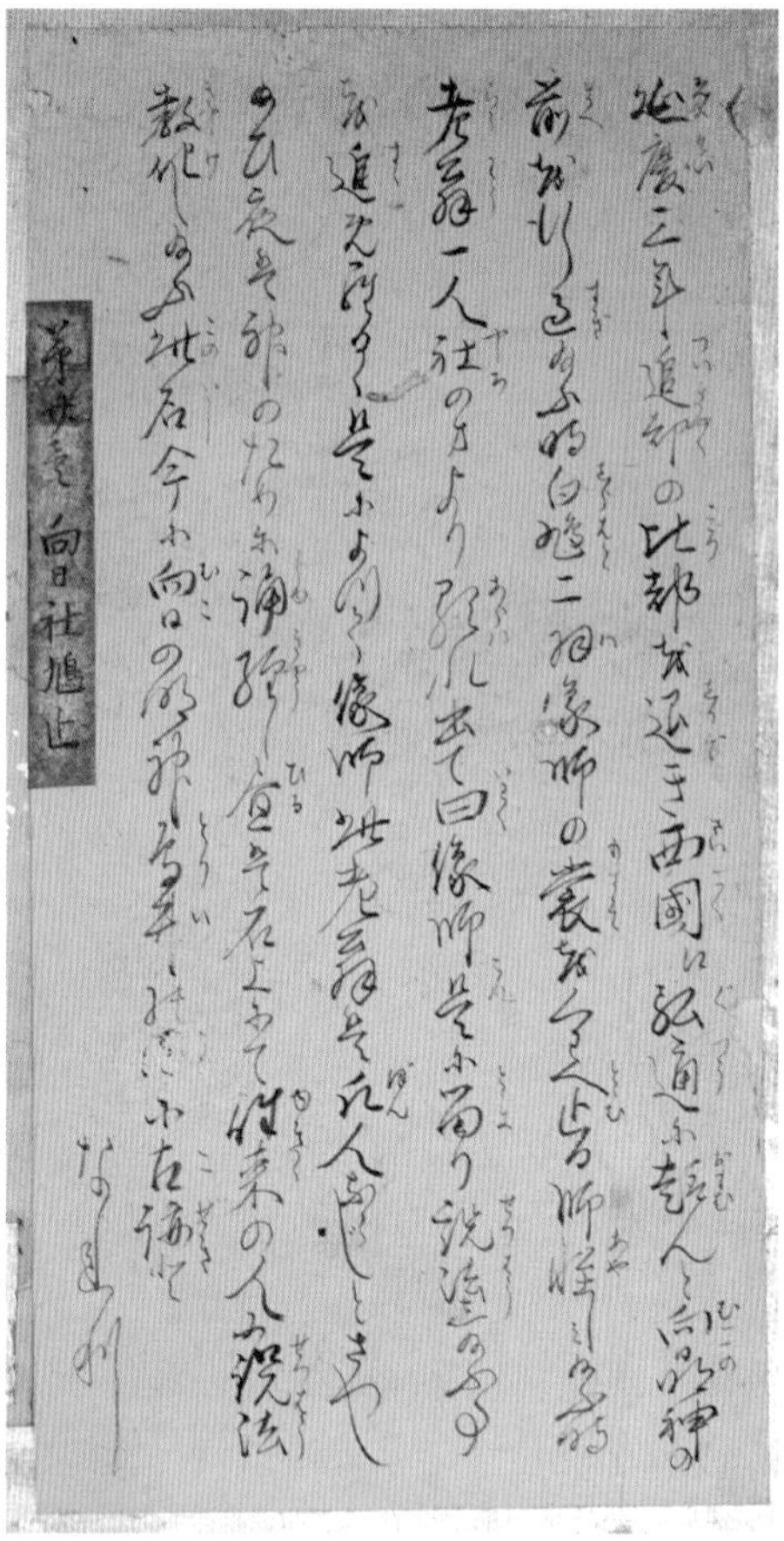

第二十一　向日社鳩止《むこうしゃきゅうし》

〈詞〉延慶《えんきょう》三年（一三一〇）の追却《ついきゃく》のさい、都を退いて西国弘通《さいごくぐづう》に赴こうとして向日明神《むこうみょうじん》の前を通った時、白鳩二羽が像師《ぞうし》の衣の裾《すそ》をくわえて止《とど》めた。怪《あや》しんでいると、老翁《ろうおう》が一人社《やしろ》の方から現れ、「ここに留まって説法《せっぽう》しなされ」と勧《すす》めた。像師はこの老翁は凡人ではないと察し、夜は明神のために誦経《じゅきょう》し、昼は石上《せきじょう》にて往来の人々に説法した。この石は、今も向日明神鳥居《とりい》の内にあって古跡《こせき》となっている。

〈絵〉鳥居の前を通りかかった「日像上人」、これを止めようとする二羽の鳩と老翁、「高座石」が描かれる。

〈原文〉「第廿壱　向日社鳩止」／延慶《ゑんけい》三年追却《ついきやく》の比《ころ》都を退《しりぞ》き西國《さいこく》江弘通《ぐつう》に趣《おもむ(か)》んと向日《むこ》明神の／前《まへ》を行過《すぎ》給ふ時白鳩《しらはと》二羽《は》像師の裳《もすそ》をくわへ止《とゞむ》る。師怪《あや》しミ給ふ時／老翁《らうわう》一人社《やしろ》の方より顕《あらハ》れ出て曰《いわく》、像師是《これ》に留《とゞま》り説法《せつはう》し給ふ事／を進《すゝ》めらるゝ。是によつて像師、此老翁は凡《ぼん》人ならじとさつし／給ひ、夜は神のために誦経《じゆきやう》し昼《ひる》は石上にて往来《ゆきゝ》の人に説法《せつはう》／教化《きやうけ》し給ふ。此石《このいし》今に向日《むこ》の明神鳥井《とりい》の内《うち》に古跡《こせき》と／なれり。

〈註〉延慶三年、西下の途中、向日神社の鳩に止められて説法したことは『龍華歴代師承伝』（九丁表）、『本化別頭仏祖統紀』（二四一頁）、『日像聖人御伝記』（第八諸宗訴訟に依て京都追却の事并かへでにて鳩衣をくはへとどむる事）。『御伝記』に同様の挿図あり【図版30】。ただし『龍華年譜』はこれを徳治二年のこととする。日像上人説法石は、向日《むこう》神社社頭に現存【図版31】。

図版31　向日神社の像師説法石

図版30　日像聖人御伝記　一〇丁裏

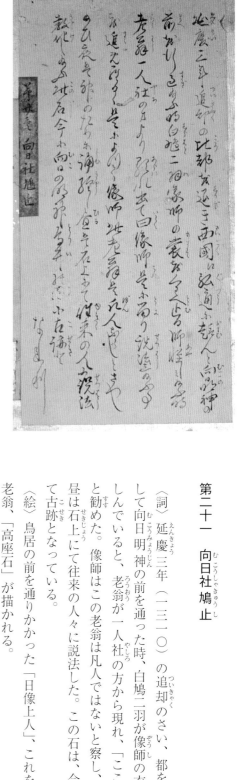

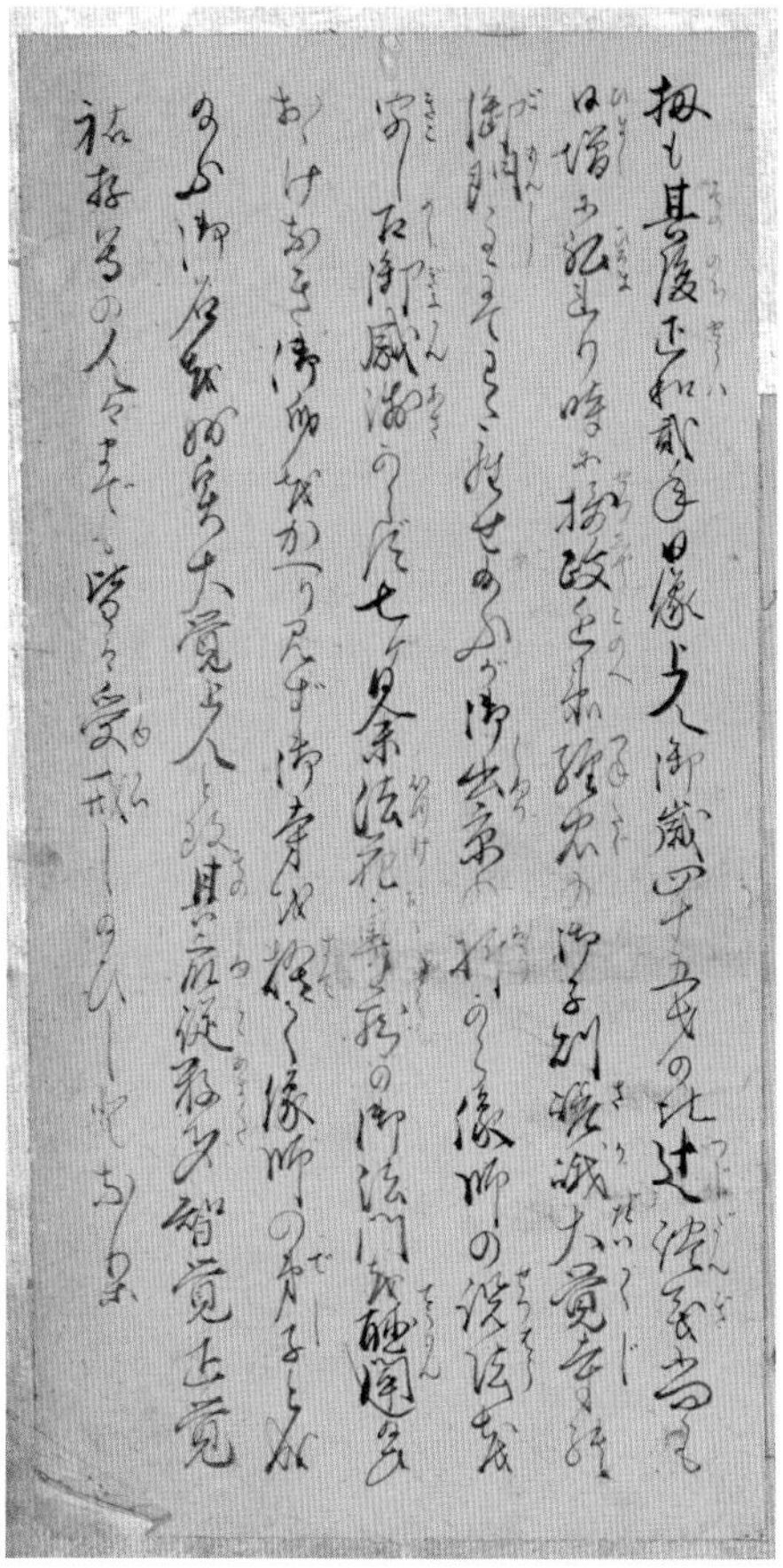

第二十二　大覚寺御門主《だいかくじごもんしゅ》の受戒《じゅかい》

〈詞〉その後、正和《しょうわ》二年（一三一三）、日像上人《にちぞうしょうにん》四十五才のころ、辻談義《つじだんぎ》が日《ひ》増《ま》しに盛んになっていた。時に、摂政近衛経忠《せっしょうこのえつねただ》の御子息・嵯峨大覚寺《さがだいかくじ》の御門主《ごもんしゅ》が、京へ出るおり像師の説法《せっぽう》をお聞きになり、深く感動なさった。七日余り聴《ちょう》聞《もん》の後、貴い身分を顧みず、お寺を捨てて像師の弟子となり、妙実《みょうじつ》の名を授けられた。衆徒《しゅうと》の智覚《ちかく》・正覚《しょうかく》・祐存《ゆうぞん》などもみな受戒《じゅかい》した。

〈絵〉「日像上人」の辻説法の場に来合わせた「大覚寺御門主」が輿《こし》を止めて聴き入る場面が描かれる。

〈原文〉（題箋欠損）／扨も其後正和《そののちせうハ》貳年、日像上人御歳四十五才の比、辻談義《つじだんぎ》尚も／日増《ひまし》に弘《ひろま》れり。時に摂政近衛経忠《せつしやうこのへつねたゞ》の御子則嵯峨大覚寺《さかだいかくじ》の／御門主《ごもんしう》にてわたらせ給ふが御出《しゅつ》京の折《おり》から像師の説法《せつはう》を／聞《きこ》し召御感浅《めしぎよかんあさ》からず。七ヶ日余法《ほつ》花《け》奥蔵《おくさう》の御法門を聴聞《てうもん》し給ひ／おゝけなき御身をかへり見ず御寺を捨《すて》て像師の弟子《でし》と成／給ふ。御名を妙実大覚上人と改、其衆徒数多《そのしゅとあまた》智覚・正覚・／祐存等の人々までも皆々受戒《しゅかい》し給ひしとなり。

〈註〉正和二年（一三一三）嵯峨大覚寺門主入門のことは『歴代略伝』等。『日像聖人御伝記』（第十四大覚はじめて日像の弟子と成給事）に同様の挿図あり【図版32】。

図版32　日像聖人御伝記　一四丁裏・一五丁表

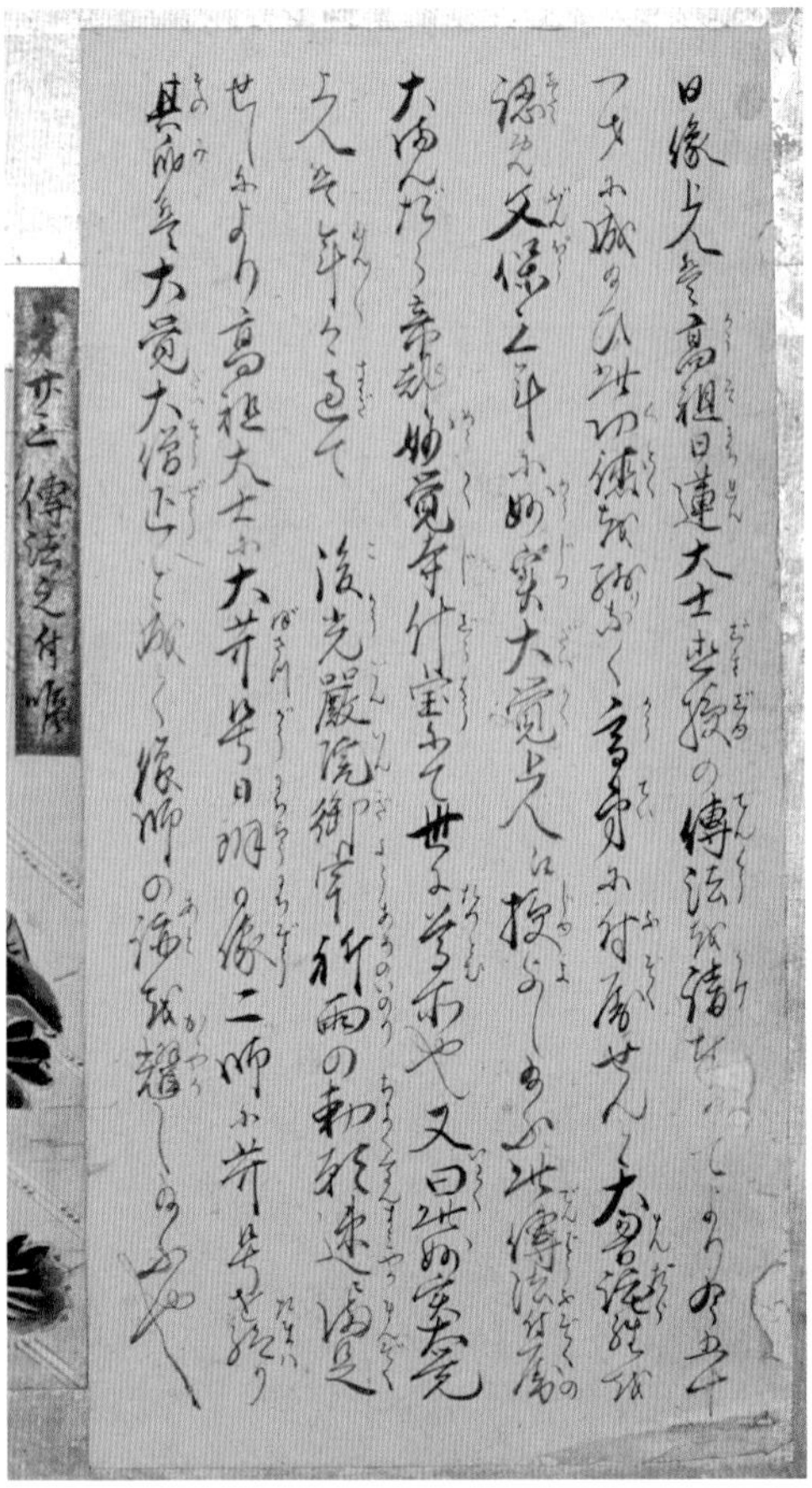

第二十三　伝法《でんぽう》の付嘱《ふぞく》

〈詞〉文保《ぶんぽう》三年（一三一九）、五十一才になった像師《ぞうし》は、日蓮聖人《にちれんしょうにん》から受け継いだ法を高弟《こうてい》に付属《ふぞく》しようと、大曼荼羅《だいまんだら》を認《したた》めて妙実大覚上人《みょうじつだいかくしょうにん》に授与《じゅよ》した。この伝法付属《でんぽうふぞく》の大曼荼羅は京都妙覚寺《みょうかくじ》の什宝《じゅうほう》として世に尊ばれている。この妙実大覚上人は後に後光厳院《ごこうごんいん》の代、祈雨《きう》の勅願《ちょくがん》を満足させて宗祖《しゅうそ》に大菩薩号《だいぼさつごう》、日朗《にちろう》・日像《にちぞう》両師に菩薩号《ぼさつごう》を賜《たまわ》り、自身は大僧正《だいそうじょう》に任じられて、像師の跡《あと》を耀《かがや》かせた。

〈絵〉「日像上人」が「妙実大覚上人」に授けるため、大曼荼羅本尊を書す場面が描かれる。

〈原文〉「第廿三　傳法之付嘱」／日像上人は高祖《かうそ》日蓮《にちれん》大士直授《じきじゅ》の傳法《でんはう》を請《うけ》奉りてより今五十／一才に成給ひ、此功徳《くとく》を残りなく高弟《かうてい》に付属《ふぞく》せんと大曼陀羅《まんだら》を／認《したゝ》め文保《ぶんぽう》三年に妙実大覚《めうじつだいかく》上人江授与《じゅよ》し給ふ。此傳法付属《でんぽうふぞく》の／大まんだら帝都／妙覚寺什宝《めうかくじじうはう》にて世に尊《たつとむ》所也。又曰《いわく》。此妙実大覚／上人は年々過《ねんねんすぎ》て　後光厳院《こかうごんいん》／御宇《ぎょう》祈雨《あめのいのり》の勅願《ちよくくわん》速《すみやか》ニ満足《まんぞく》／せしにより高祖大士に大菩薩号《ぼさつがう》、日朗《にちらう》・日像《にちぞう》二／師に菩薩号を給《たまハ》り／其身《そのみ》は大覚大僧正《だいそうぜう》と成て像師の跡《あと》を耀《かゝやか》し給ふ也。

〈註〉この条他書になし。文保三年（一三一九）三月二十七日付、妙実授与の像師自筆本尊は妙覚寺に現存する（宗宝17）。八紙継で本紙縦一二六・五センチ、横九九・一センチの大幅である【図版33】。

図版33　妙実授与の日像上人曼荼羅本尊　京都妙覚寺所蔵

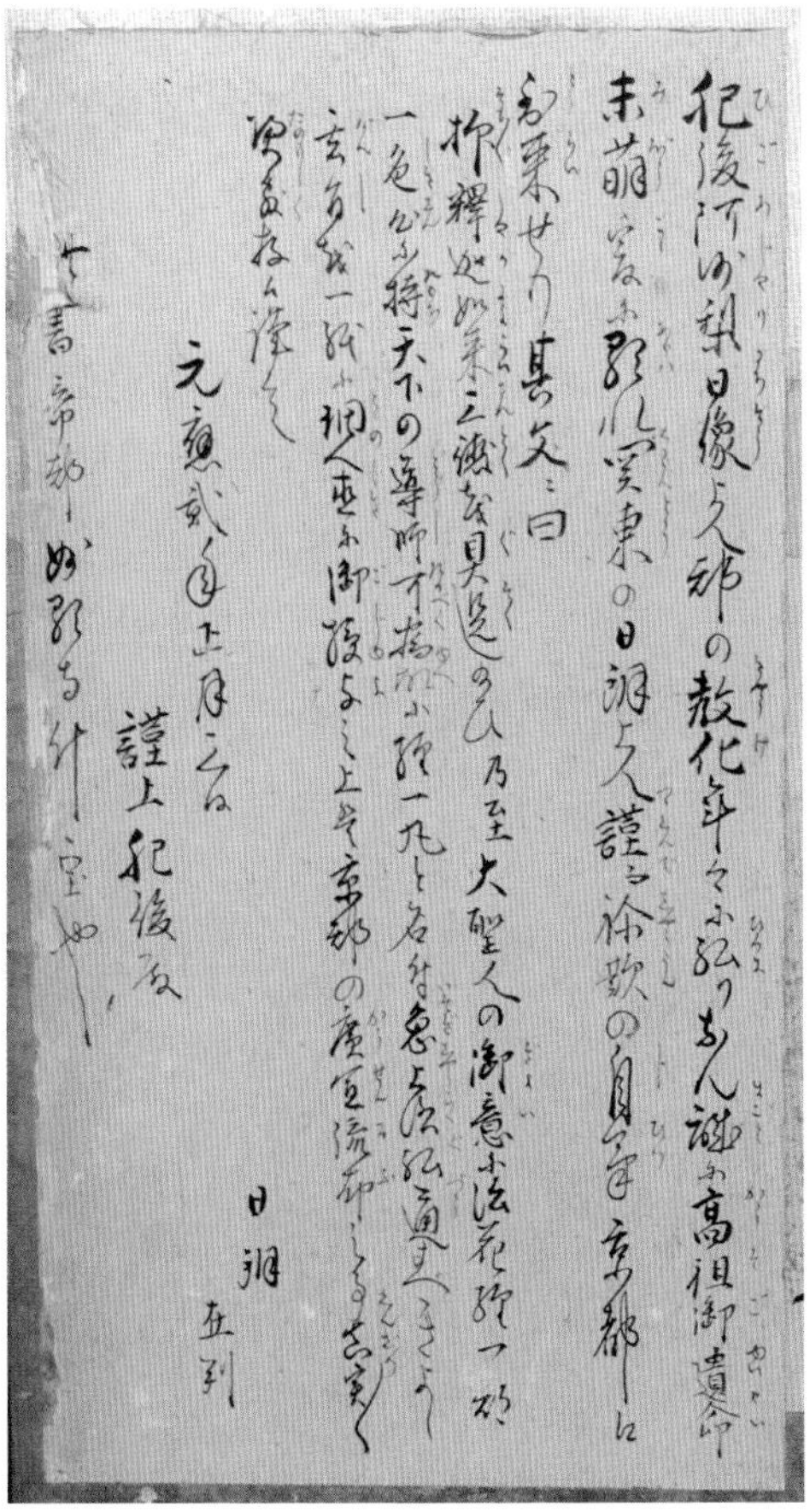

第二十四　朗師《ろうし》御称歎《ごしょうたん》

〈詞〉日像上人《にちぞうしょうにん》の都の教化《きょうけ》は年々に広まり、高祖《こうそ》の御遺命《ごいめい》は顕れつつあった。時に関東の日朗《にちろう》上人より、元応《げんおう》二年（一三二〇）正月三日付で像師を称歎《しょうたん》する書状が届いた。そこには「法華経一部《ほけきょういちぶ》を一色心《いちしきしん》に持《たも》って天下の導師《どうし》となるという意味で日蓮大聖人より経一丸《きょういちまる》の名を授けられ、上洛弘通《じょうらくぐづう》の趣旨を一紙に込めた本尊《ほんぞん》を授与されているのですから、京都の広宣流布《こうせんるふ》は真実頼もしく思います」と書かれていた。この書は帝都妙顕寺《みょうけんじ》の什宝である。

〈絵〉「関東使僧」が届けた朗師書状を「日像上人」が広げて読む場面。建物に「龍花樹院《りゅうげじゅいん》」の扁額《へんがく》が掛かる。

〈原文〉「第廿四　朗師御称歎」／肥後阿闍梨日《ひごあじやりにち》像《ぞう》上人都の教化《きやうけ》年々に弘《ひろま》りなん。誠《まこと》に高祖《かうそ》御遺《ごゆい》命《めい》／未萌爰《みぼうこゝ》に顕《あらハ》れ関東《くわんとう》の日朗上人謹而称歎《つゝしんでしやうたん》の自筆《じひつ》京都江／到来《とうらい》せり。其文ニ曰。

抑《そも〳〵》　釋迦如来三徳《しやかによらいさんとく》を具足《ぐそく》し給ひ乃至大聖人の御意《ぎよい》に法花経一部／一色心《しきしん》に持《たもち》天下の導師《どうし》可為《たるべく》故《ゆへ》に経一丸と名付急上洛弘通《いそぎしやうらくぐづう》すべきよし／玄旨《げんし》を一紙に調《とゝの》へ直《じき》に御授与《ごじゆよ》之上は京都の廣宣流布《かうせんるふ》之事真実《しんじつ》〳〵／憑敷《たのもしく》存候。謹言

元應貳年正月三日　　日朗在判

謹上肥後殿

此書帝都妙顕寺什宝也。

〈註〉元応二年（一三二〇）正月三日朗師書状のことは『日像聖人御伝記』（第十六朗師より経一丸の本尊に添状の事）。

この書状は『妙顕寺文書一』（一七頁）【図版34】。

京都妙顕寺は龍華樹院、具足山、四海唱導と称する。現在は小川寺ノ内にある日蓮宗霊跡【図版39】。

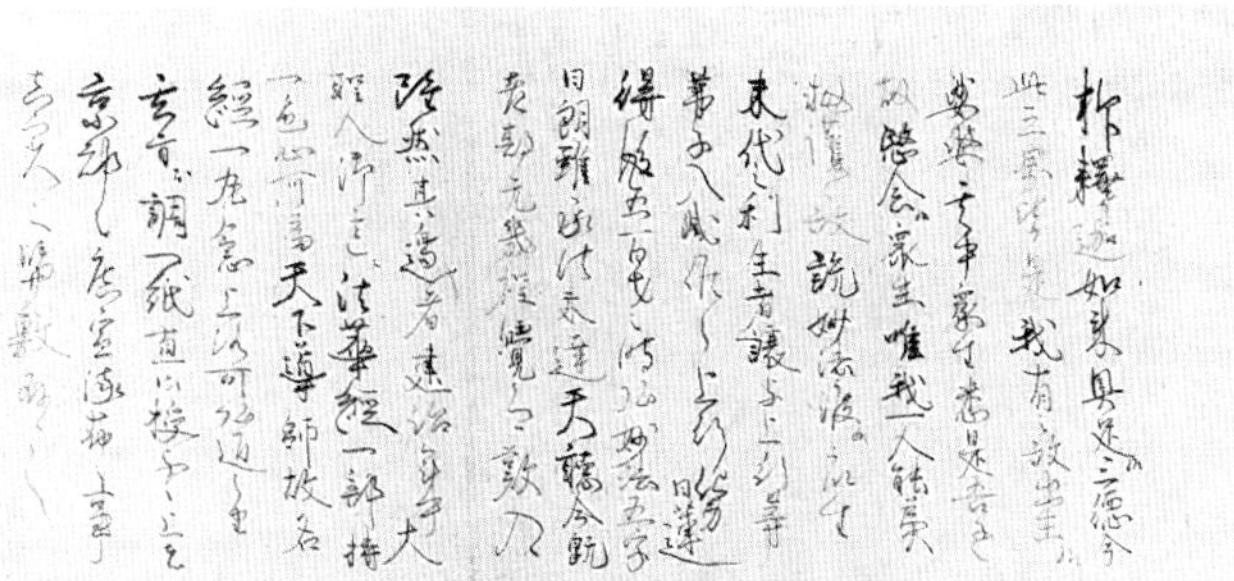

図版34　日朗上人書状　京都妙顕寺所蔵

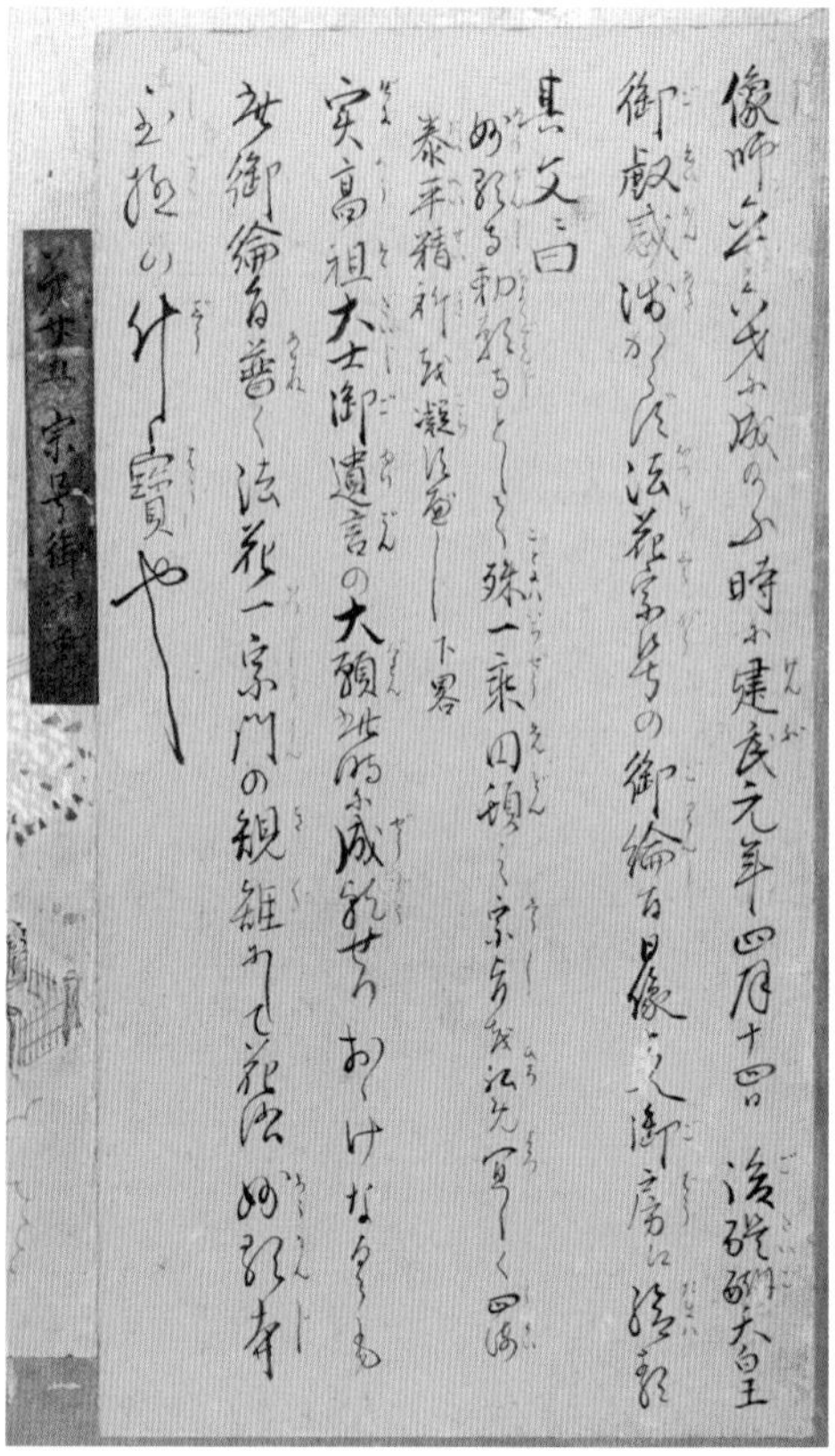

第二十五　宗号御勅免《しゅうごうごちょくめん》

〈詞〉像師《ぞうし》が六十六才になった建武《けんむ》元年（一三三四）四月十四日、後醍醐天皇《ごだいごてんのう》より、「妙顕寺《みょうけんじ》は勅願寺《ちょくがんじ》として一乗円頓《いちじょうえんどん》の宗旨《しゅうし》を弘め、四海泰平《しかいたいへい》の精祈《せいき》を凝《こ》らせ」との勅命《ちょくめい》が下った。日蓮聖人《にちれんしょうにん》の御遺言による大願《だいがん》はこの時に成就《じょうじゅ》した。この宗号《しゅうごう》の御綸旨《ごりんじ》は法華一宗門《ほっけいちしゅうもん》の規矩《きく》であり、妙顕寺至極《みょうけんじしごく》の什宝《じゅうほう》である。

〈絵〉「日像上人」が「禁裏《きんり》」に伺候《しこう》して、公家衆《くげしゅう》より綸旨《りんじ》を賜る場面。左近の桜・右近の橘が描かれる。三宝の上に綸旨が置かれている。

〈原文〉「第廿五　宗号御勅免」／像師六十六才に成給ふ時に建武《けんぶ》元年四月十四日　後醍醐《ごたいご》天皇／御叡感浅《ごえいかんあさ》からず、法花宗号《ほっけしうがう》の御綸旨《ごりんし》日像上人御《ご》房《ばう》江給《たまハ》る。／其文ニ曰。

妙顕寺《めうけんじ》勅願寺《ちよくぐわんじ》として殊《ことにハ》一乗円《いちぜうえん》頓《どん》之宗旨《しうし》を弘《ひろ》め宜《よろ》しく四海《しかい》／泰平《たいへい》精祈《せいき》を凝《こら》すべし下畧。

実高祖《げにかうそ》大士《だいじ》御遺言《ごゆいごん》の大願《ぐわん》此時に成就《ぜうじう》せり。お丶けなくも／此御綸旨普《あまね》く法花一宗《いつしう》門《もん》の規矩《きく》にして花洛妙顕寺《めうけんじ》／至極《しごく》の什寶《じうはう》也。

（以上第五面）

〈註〉建武元年（一三三四）四月十四日付「宗号の綸旨」のことは『日像聖人御伝記』（第二十後醍醐天皇の法華宗号の綸旨の事）、『日像菩薩徳行記』（宗号勅許第十二）。『徳行記』に同様の挿図がある【図版35】。

この後醍醐天皇綸旨は、原本（『妙顕寺文書一』一六七頁）、および像師による写（同一六三頁【図版36】）が妙顕寺に現存する。

図版35　日像菩薩徳行記　一五丁表

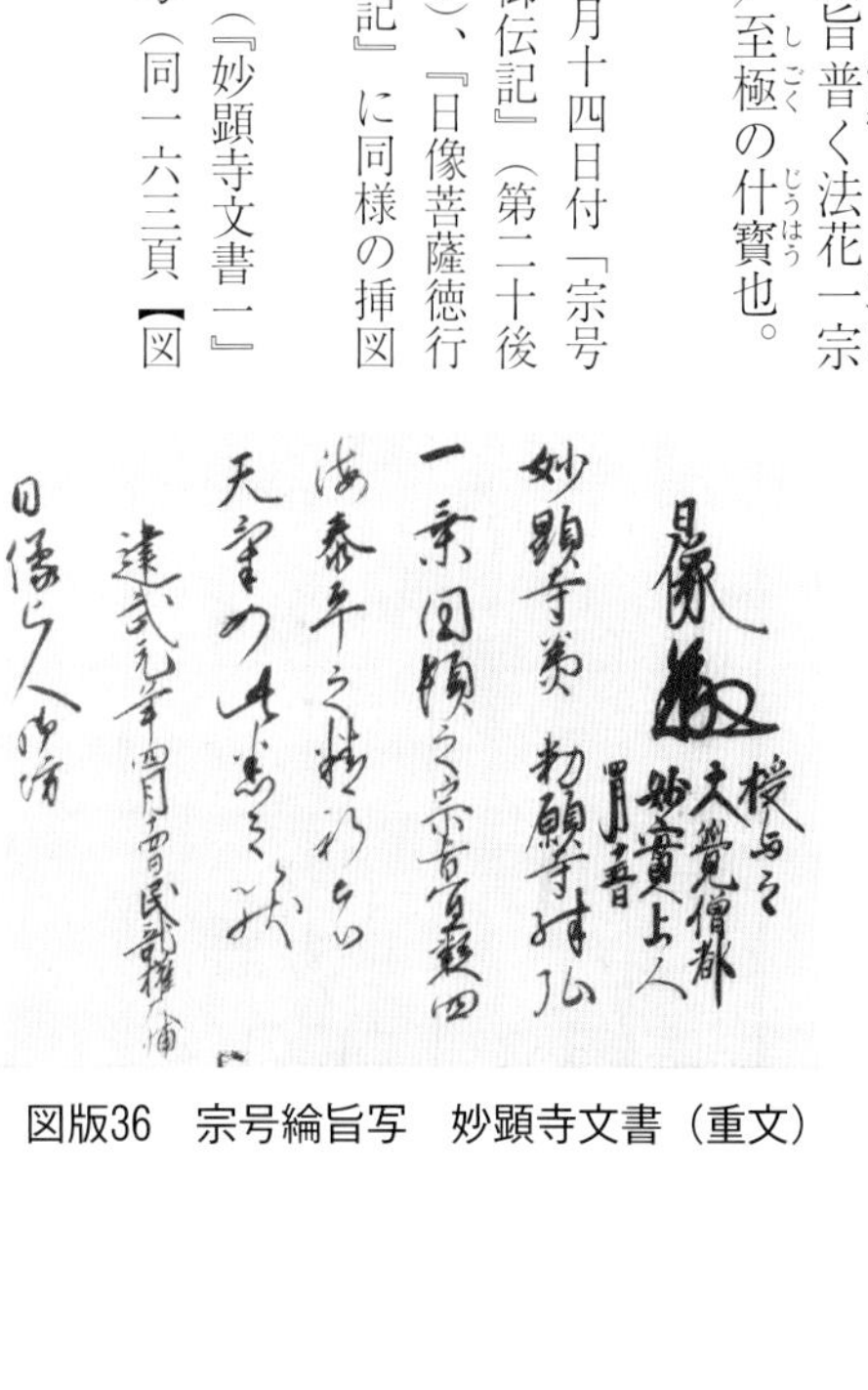
図版36　宗号綸旨写　妙顕寺文書（重文）

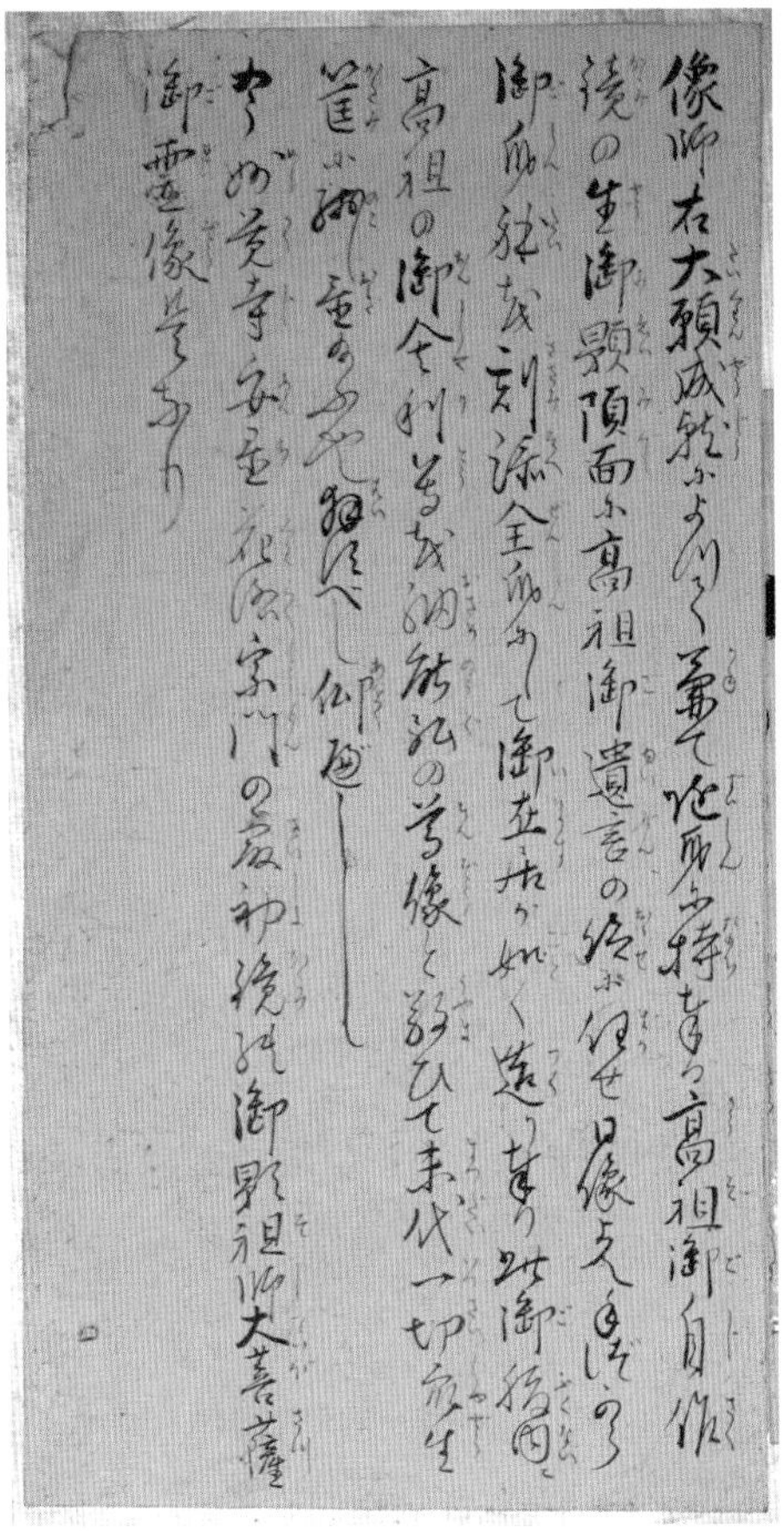

第二十六　祖御影全刻《そみえいぜんこく》

〈詞〉像師《ぞうし》は右の大願《だいがん》が成就《じょうじゅ》したことにより、かねての御遺言に随って宗祖《しゅうそ》の御身体を彫刻し、宗祖御自作の頭像《とうぞう》に添えて全身とした。この時、高祖《こうそ》の御舎《おんしゃ》利《り》等を胎内に納め、末代《まつだい》の一切衆生《いっさいしゅじょう》へのかたみとして残し置いた。今、妙覚寺《みょうかくじ》に安置される「華洛宗門最初鏡《からくしゅうもんさいしょかがみ》の御影祖師大菩薩《みえいそしだいぼさつ》」がこれである。

〈絵〉「日像上人」が「高祖御自作」の頭像の前で自ら身体を刻み、「大覚上人」ほかの僧俗が見守る場面が描かれる。

〈原文〉「第廿六　祖御影全刻」／像師右大願成就《だいくわんぜうじう》によつて兼《かね》て随身《ずいしん》に持《たもち》奉る高祖《かうそ》御自作《ごじさく》／鏡《かゝみ》の生御影《せうみゑい》頂《みくし》面に高祖御遺言《ごゆいげん》の仰《おゝせ》に任《まか》せ日像上人手づから／御身《ごしん》躰《たい》を刻添《きさみそへ》全身《ぜんしん》にして御在居《います》が如《ごと》く造《つく》り奉り此御腹内《ごふくない》ニ／高祖の御舎利等《おんしやりとう》を納能《おさめのう》弘《ぐ》の尊像《そんぞう》と敬《うやま》ひて末代一切衆生《まつだいいつさいしゆぜう》／筐《かたみ》に残《のこ》し置《おき》給ふ也。拝《はい》すべし。仰《あをく》べし。／今妙覚寺安置花洛宗門《めうかくじあんちくわらくしうもん》の最初鏡《さいしよかゝみ》の御影祖師大菩薩《そしだいぼさつ》／御霊像《ごれいぞう》是なり。

〈註〉妙覚寺祖師像に関するこの条は第四条とともに他書にない。妙覚寺祖師像の胎内に御真骨と像師自筆の要文が収められていたことは日住『写中山浄光院書』にみえる（『宗全』一八巻八二頁）。宗祖自刻の「鏡の御影」のことは宝暦十一年（一七六一）『北龍華由来及沿革』に「又有記曰、祖師御面貌ハ大聖人御存生ニ自以鏡写之、…然ハ可謂天下無二鏡之尊像」とある（『京都本山妙覚寺史』一一二〜三頁）。また日遂・日琮以下、当時の歴代貫首の譲状の冒頭に「高祖大菩薩鏡御影」とみえる。この祖師像は像高八一センチ。胎内に鎌倉時代の仏師「法印院興」の銘が確認されている（『京都本山妙覚寺史』八頁、『日蓮と法華の名宝』78）。平成三十一年重文指定【図版37】。

図版37　宗祖「鏡の御影」
妙覺寺所蔵（重文）

図版38　鏡の御影を奉安する妙覺寺祖師堂

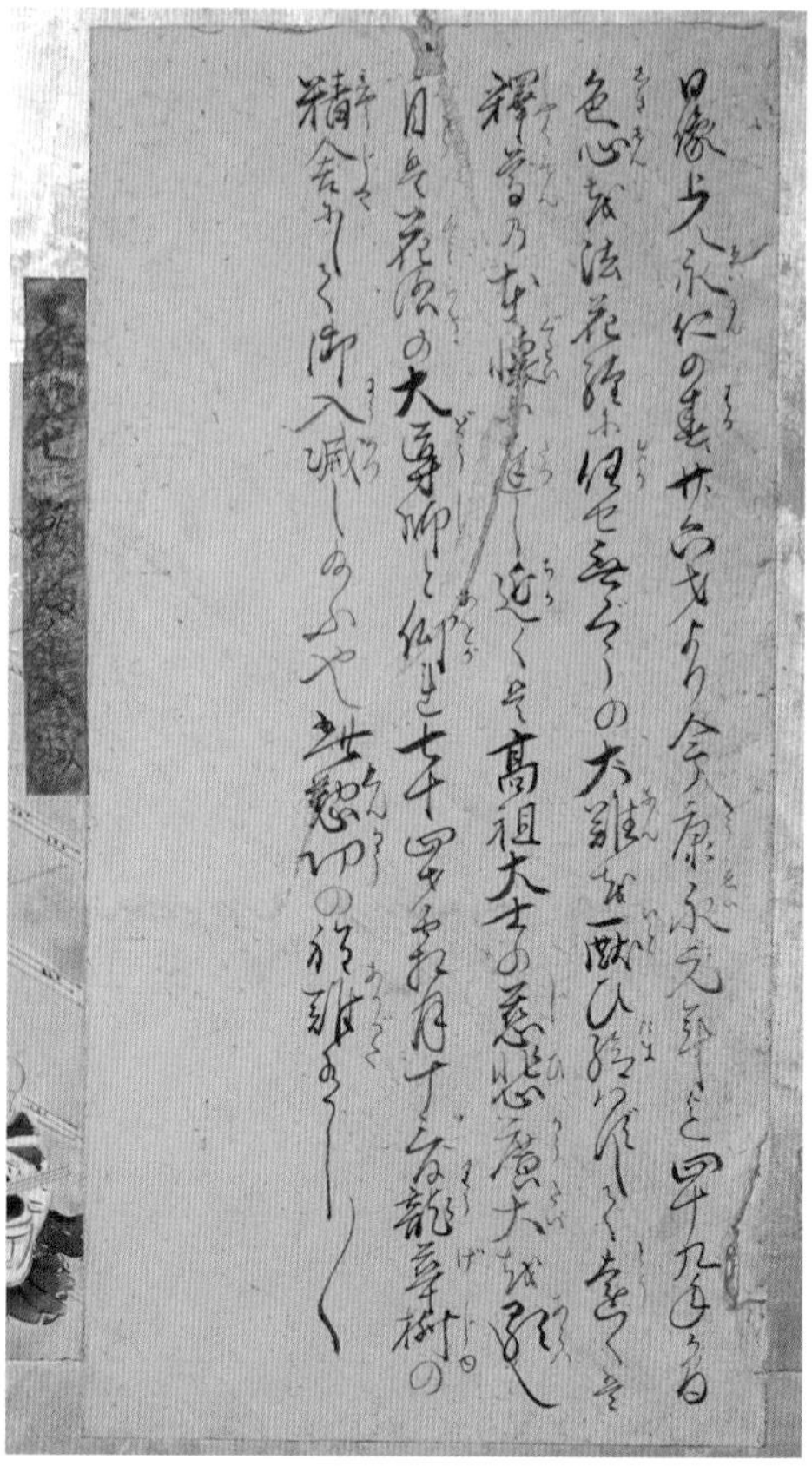

第二十七　願満《がんまん》の入滅《にゅうめつ》

〈詞〉二十六才の上洛《じょうらく》以来四十九ヶ年、数々《かずかず》の大難《だいなん》を忍んで仏祖《ぶっそ》の本懐《ほんがい》を達し、華洛《からく》の大導師《だいどうし》と仰がれた日像上人《にちぞうしょうにん》は、康永《こうえい》元年（一三四二）十一月十三日、龍華樹院妙顕精舎《りゅうげじゅいんみょうけんしょうじゃ》にて七十四才をもって入滅《にゅうめつ》された。その勲功《くんこう》は有り難い限りである。

〈絵〉「像師御入滅」の場面。御前で読経する「大覚上人」、悲嘆する弟子・檀越が描かれている。

〈原文〉「第廿七願満之入滅」／日像上人永仁《えいにん》の春《はる》廿六才より今康永《かうえい》元年迄四十九年か間、／色心《しきしん》を法花経に任《まか》せ無ぐうの大難《なん》を厭《いと》ひ給《たま》はずして遠《とう》くは／釋尊《しゃくそん》の本懐《ぐわい》に達《たつ》し近《ちか》くは高祖大士の慈悲《じひ》廣大《かうたい》を顕《あらハ》し／自《みづから》は花洛《くわらく》の大導師《どうし》と仰《あをが》れ七十四歳霜月十三日、龍華樹《りうげじゅ》の／精舎《しやうじや》にして御入滅《にうめつ》し給ふ也。此勲功《くんかう》の程難有《ありがた》しく。

〈註〉像師の寂年月日と没年齢は、妙顕寺に伝わる大覚大僧正開眼の画像に明記されている【図版23】。像師の臨終については、翌康永二年と思われる四月九日付日輪書状に、「日像上人御臨終之体…寿限御覚悟、誠以貴候」（妙顕寺古文書40）とみえる。入滅の条は『日像聖人御伝記』（第二十二日像御入滅の事）に同様の挿図あり【図版40】。

図版39　大本山京都妙顕寺（第二十四参照）

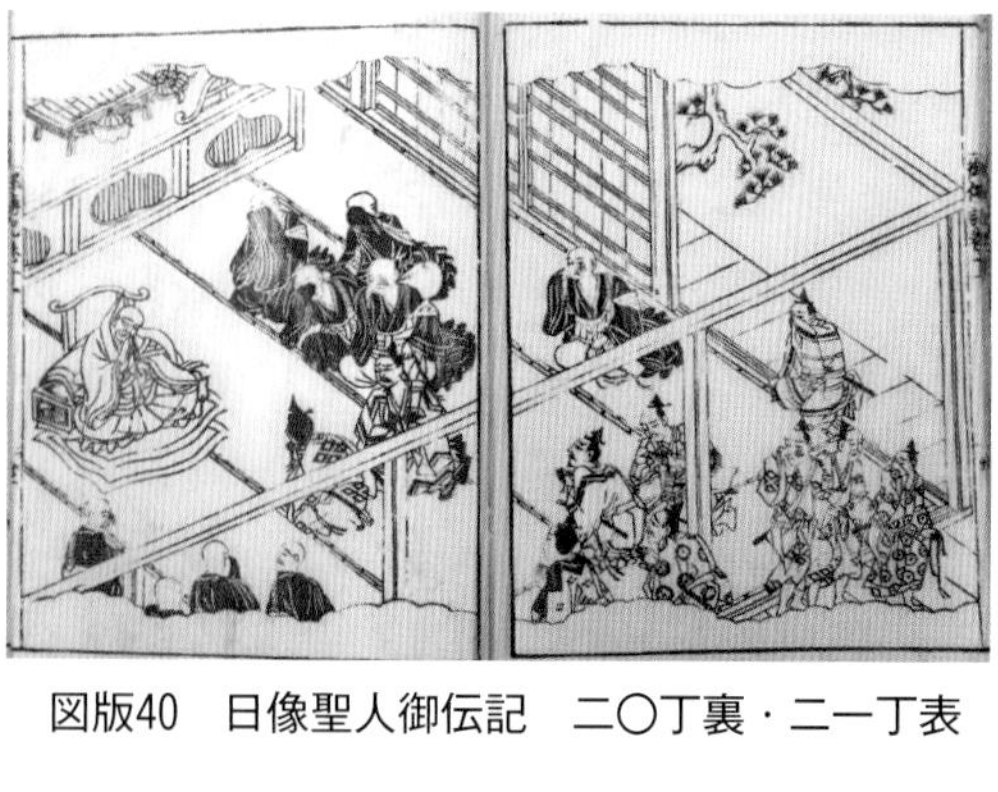

図版40　日像聖人御伝記　二〇丁裏・二一丁表

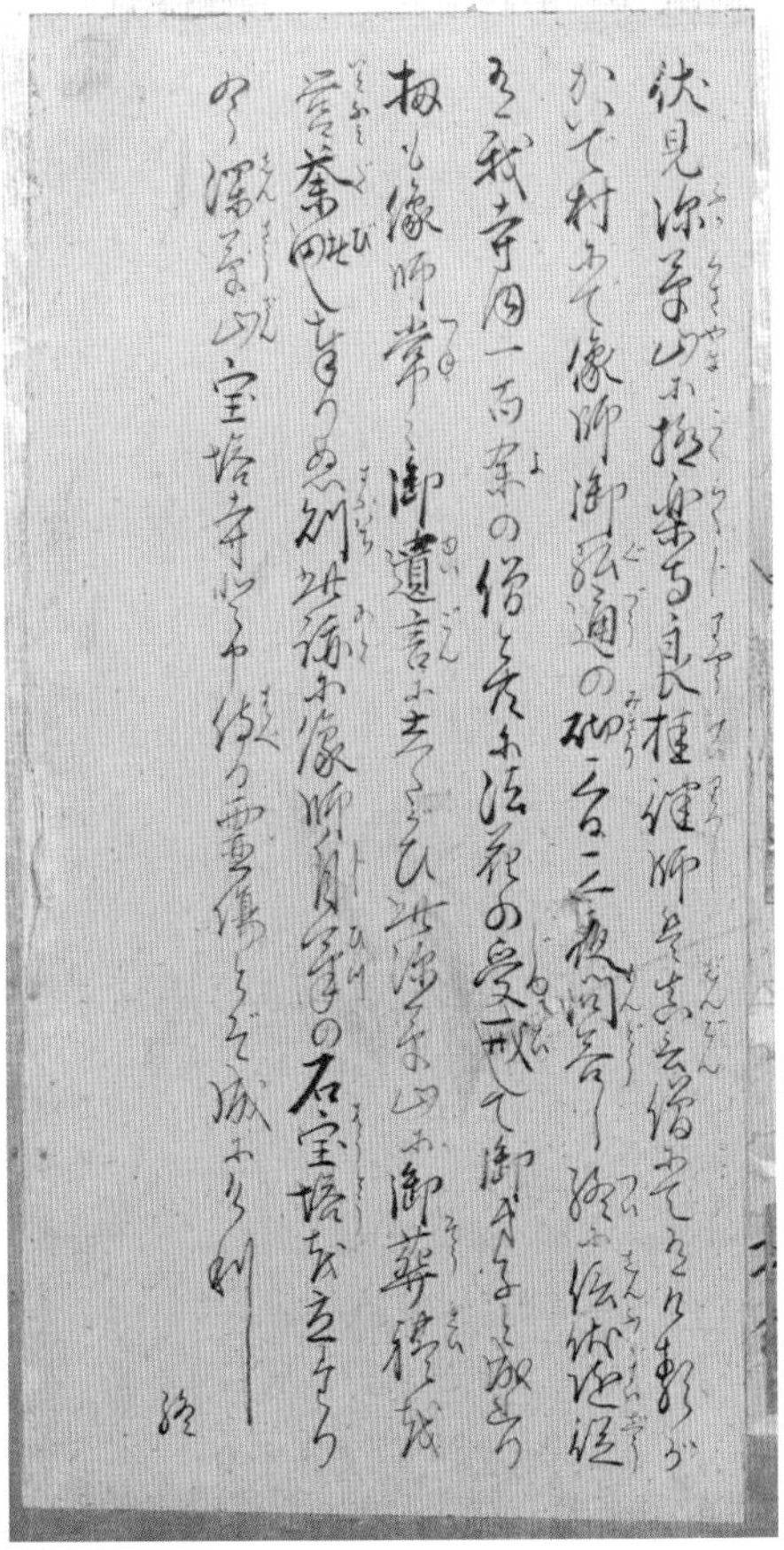

第二十八　茶毘《だび》所宝塔《しょほうとう》

〈詞〉伏見深草山《ふしみふかくさやま》の極楽寺《ごくらくじ》良桂律師《りょうけいりっし》は真言僧《しんごんそう》であったが、像師《ぞうし》鶏冠井《かいで》弘通《ぐづう》の時、三日三夜問答《もんどう》して百余名の僧とともに改宗《かいしゅう》し、像師の弟子となった。常の遺言にしたがい、像師はこの深草《ふかくさ》にて荼毘《だび》に付され、その跡に自筆の石宝塔《せきほうとう》が立てられた。今の深草山宝塔寺《しんそうざんほうとうじ》がこの霊場である。

〈絵〉「像師御火葬場」の場面。「大覚上人」「檀那等」が描かれている。

〈原文〉「第廿八茶毘所宝塔」／伏見深草山《ふかくさやま》に極楽寺《ごくらくじ》良桂律師《りやうけいりつし》は真言《しんごん》僧にて有けるが／かいで村にて像師御弘通《ぐづう》の砌《みぎり》三日三夜問答《もんどう》し終《つい》に信伏随従《しんぷくずいじゆう》／有我寺内一百余《よ》の僧と共に法花の受戒《じゆかい》して御弟子と成れり。／抑も像師常《つね》之御遺言《ゆいごん》にしたがひ此深草山に御葬禮《そうれい》を／営《いとなみ》茶毘《だび》し奉りぬ。則《すなはち》此跡《あと》に像師自筆《じひつ》の石宝塔《はうとう》を立たり。／今深草山《しんさうざん》宝塔寺と申侍《はべ》る霊場とぞ成にけり。／終

〈註〉深草極楽寺の真言僧良桂律師と三昼夜問答して改宗させ、宝塔寺を開いたことは、『龍華歴代師承伝』（九丁表）、『本化別頭仏祖統紀』（二四一頁）、『日像菩薩徳行記』（宝塔寺第二十七）。京都市伏見区深草の宝塔寺に像師茶毘所と本廟がある【図版41】【図版42】。

図版41　深草宝塔寺の日像菩薩茶毘処

図版42　深草宝塔寺の日像菩薩本廟

奥書

南無《なむ》日像《にちぞう》菩薩《ぼさつ》四百五十遠忌《しひゃくごじゅうおんき》大法会《だいほうえ》の砌《みぎり》、御報恩《ごほうおん》のためにこの略絵伝《りゃくえでん》を模写《もしゃ》して奉納《ほうのう》します。幼童《ようどう》にも見やすいようにして、信心《しんじん》の種《たね》を発《おこ》すことを乞い求めるものですが、そのため軽薄な内容になっているかも知れません。後に御覧になった人が補助して下さることを願うのみです。

寛政《かんせい》三辛《かのとい》亥歳（一七九一）三月

願主　浪華　入江氏　墨屋甚兵衛延成

逆修　慈山院宗仁日譲

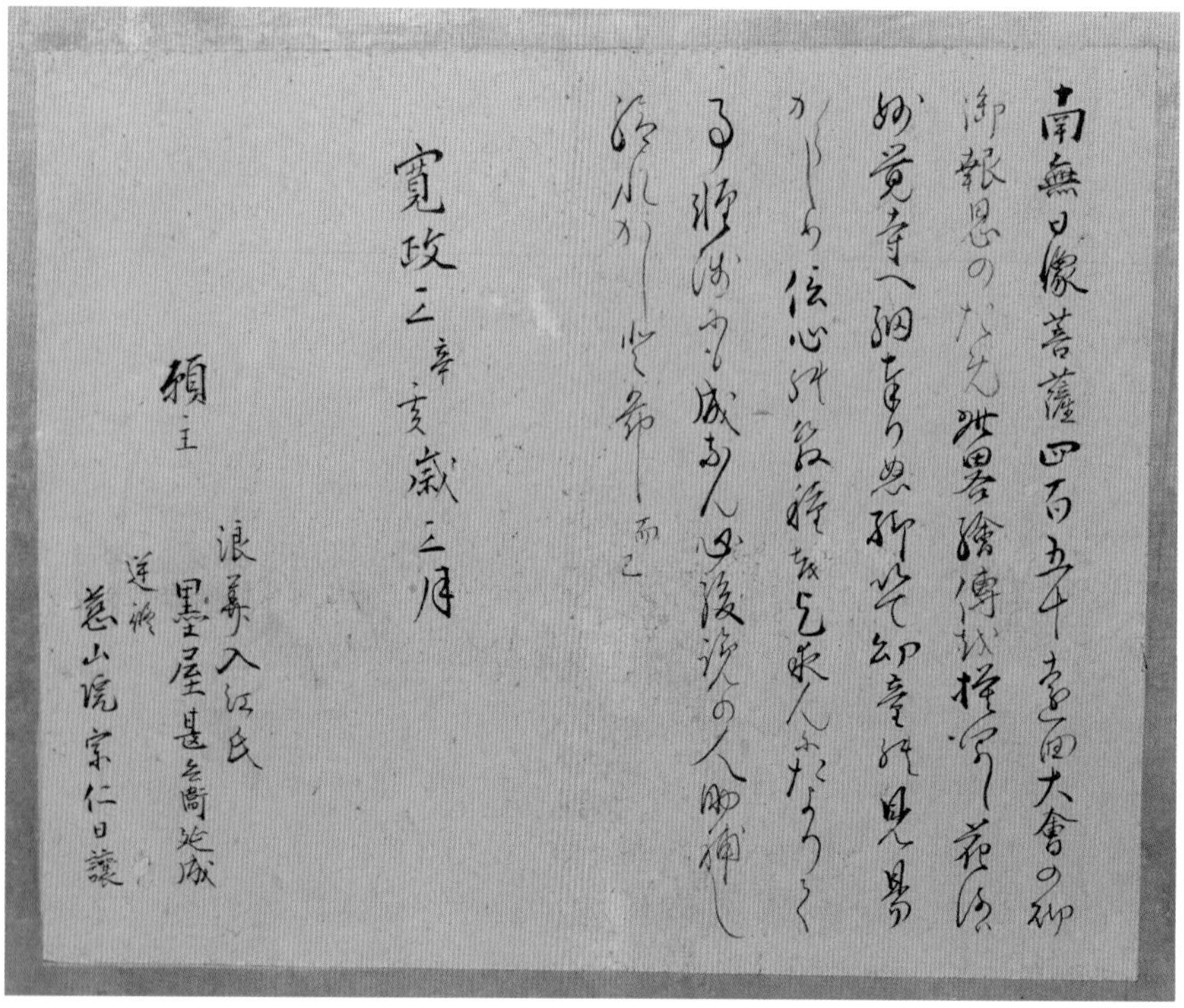

〈原文〉南無日像菩薩四百五十遠回大會の砌／御報恩のため此略繪傳を模写し花洛／妙覚寺へ納奉りぬ。聊以て幼童の見易／からしめ信心の發種を乞求んにたよりて／事軽浅にも成なん。必後覧の人助補し／給れかしと希而已。

寛政三辛亥歳三月

願主　浪華人江氏　墨屋甚兵衛延成

逆修　慈山院宗仁日譲

裏書（第一面）

奉納

開祖日像菩薩御徳行

畧繪傳廿八箇條全部六垂

為四百五十回御忌大恩報謝

先祖代々諸精霊

父實圓院宗教日妙

母圓乗院妙教日實

一家縁類法界萬霊

寛政三年亥九月良日

具足山妙覺寺四十九世　日遂（花押）

功徳主大坂開帳再興題目講

発起　入江甚兵衛

預修　慈山院宗仁日譲

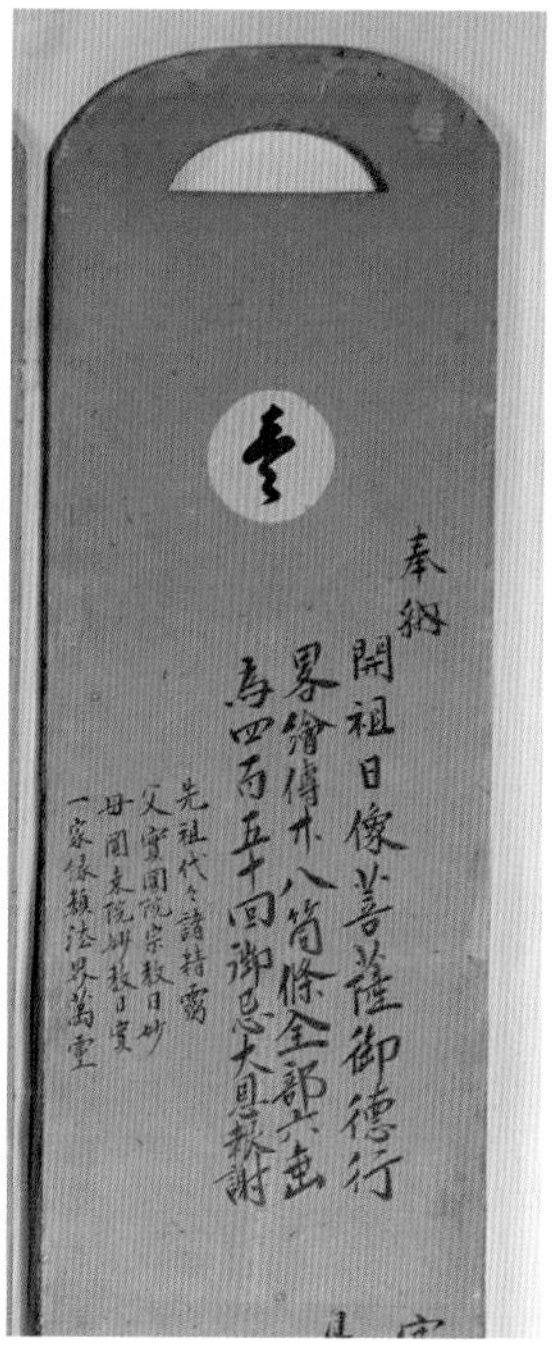

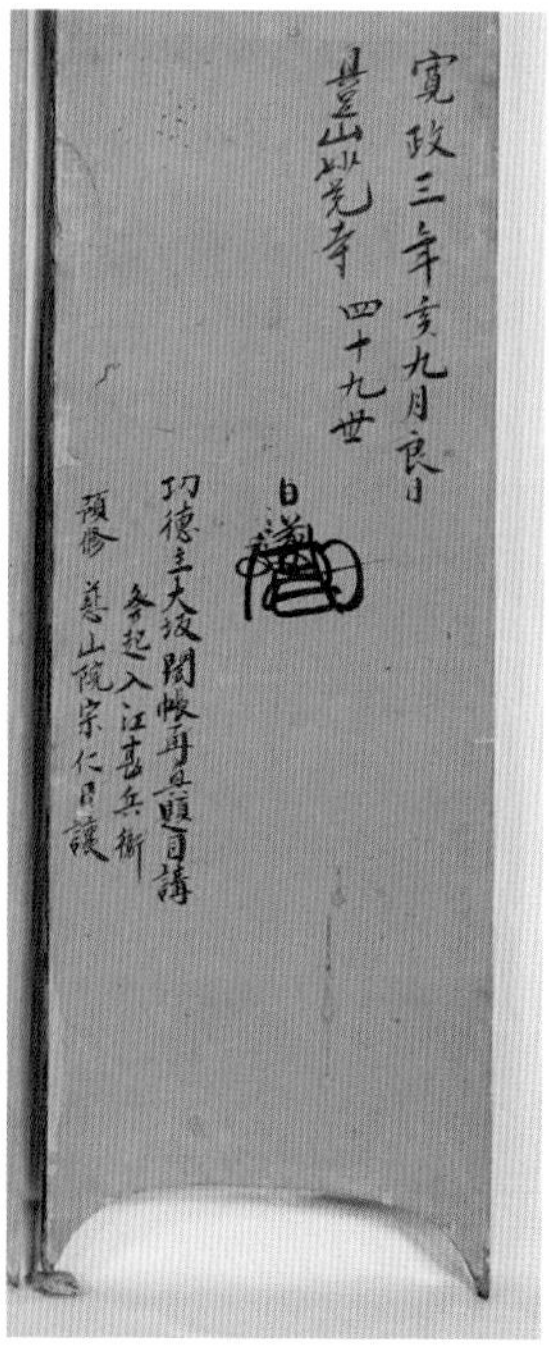

解　題

都　守　基　一

書誌　京都妙覚寺に伝わる『日像菩薩徳行略絵伝』は、開祖日像上人（一二六九～一三四二）一代の徳行を描いた絵伝である。本絵伝は「第一平賀御誕生」より「第二十八荼毘所宝塔」に至る二十八条よりなり、奥書一紙とともに六面の台紙に貼り付けられている。各箇条は、紙本着色の絵と詞書、および題簽が貼り合わされている。絵は正方形で法量は縦一八・七センチ、横一八・九センチ（第一条）。詞書は縦長の料紙で、縦二六・五センチ、横一二・九センチ（同）。題簽は縦八・八センチ、横一・二センチ（第一条）。銀紙に墨書されているが、銀が黒変して文字が読みにくくなっているもの、また題簽が剥がれて失われている絵もある。絵には、「日像上人」等の人物名を墨書した金紙の短冊が貼られているものもある。台紙は縦長の板状で、襖のように木の骨組みに紙が貼られており、表面は金色に塗られている。裏面には「壱」から「六」までの番号を書いた紙が貼り付けられている。上部に半月形の穴がうがたれ、壁や長押に掛けて用いるように作られている。法量は、縦一八四・五センチ、横三三・六センチ、厚さ一・五センチ（第一垂）である。全体を納める木箱の蓋には、「日像菩薩畧繪傳入」「妙覺寺」と墨書がある。

本絵伝は、奥書により寛政三年（一七九一）三月、像師の四百五十遠忌大法会にあたり、報恩のために浪華の入江氏墨屋甚兵衛延成が願主となって模写し、妙覚寺に奉納したものと知られる。各垂には同年九月、四十九世日遂上人による裏書があり、同様の奉納の趣旨と、入江氏の父母・先祖廻向の意が記されている。

本絵伝は、「模写」であるにせよ、元の作品が不明である以上、それなりの資料的価値があるといえよう。なお本絵伝は昭和四十八年『京都北龍華妙覚寺文書目録』（立正大学史料研究会編、妙覚寺刊）に記載があり、『平成二十四年度京都妙覺寺歴代先師会の栞』（常円寺日蓮仏教研究所）および平成二十五年『第六百五十遠忌記念大覚大僧正』（京都像門本山会）に部分的に紹介されている。

ちなみに本絵伝の名称は、奥書によれば「略絵伝」、裏書によれば「開祖日像菩薩御徳行略絵伝」、箱書によれば「日像菩薩略絵伝」である。ここでは『京都北龍華妙覚寺文書目録』（寺宝59）にしたがい、「日像菩薩徳行略絵伝」とした。以下、「略絵伝」「本絵伝」等と適宜略称する。

日像上人の事跡　日像上人は、肥後房・肥後阿闍梨と号し、龍華樹院とも称する。文永六年（一二六九）、下総に生まれ、日蓮聖人の高弟六老僧の一人である日朗上人に入門した。身延山の日蓮聖人に直参し、経一丸の名を授かったと伝える。日蓮聖人滅後、朗師の下に出家して学んだ。日蓮聖人の十三回忌に当たる永仁二年（一二九四）、二十六歳の時、北陸を経由して上洛。下京の大工や酒屋など、富裕な商工業者らを相手に法華経を弘め、やがて綾小路大宮に住坊を構え、関東の朗師やその門人たちと緊密な連絡を取りつつ京都における地盤を固めていった。いっぽう諸宗の反発も激しく、徳治（補注）二年（一三〇七）以来、院宣による洛中追放と赦免を三度繰り返し（三黜三赦《さんちゆつさんしや》の法難）、この間、山崎・鶏冠井・鞍馬・丹波小野などに寓居した（『歴代略伝』）。元亨元年（一三二一）十一月、後醍醐天皇により三度目の京洛追放を勅免された。この時、御溝傍《みかわみぞのほとり》今小路《いまのこうじ》に地を賜り、京都で最初の日蓮宗寺院となる妙顕寺を建立したとされるが（『日蓮教団全史』一一〇頁、『日蓮宗事典』六二一頁）、翌年五月二十一日の日澄書状によれば、いまだ「京都」「還住」かなわず「山林の御すまい」に甘んじていたようである。しかし正中の変・元弘の乱と京都に政変と混乱が続く中で、妙顕寺の地位は定着していき、元弘三年（一三三三）には護良親王の令旨によって後醍醐天皇の京都還幸を祈り、恩賞として寺領を寄進された。翌建武元年（一三三四）には後醍醐天皇より綸旨を賜り、「妙顕寺は勅願寺」として「一乗円頓の宗旨を弘」めることを公認された。建武三年（一三三六）には室町将軍家の祈祷所となり、さらに翌建武四年には北朝光厳上皇の祈祷所ともなった。像師は上洛途上の北陸や、追却中の洛外諸村にも多くの寺院を開いたと伝える。滝谷妙成寺・今宿妙勧寺・大道妙泰寺・敦賀妙顕寺・小浜妙興寺・鶏冠井真経寺・松ヶ崎妙泉寺・深草宝塔寺はその雄たるもので、妙顕寺の有力末寺として組織されていった。暦応年間より弟子大覚妙実による西国布教が本格化し、備中・備前にも有力な信徒と末寺が形成されていった。いっぽう、このころには諸門流の僧侶が上洛し、妙顕寺の推挙によって京都に寺院・祈祷所を開いていた。晩年、妙顕寺を大覚妙実に譲り、康永元年（一三四二）十一月十三日、七十四歳で寂した。延文二年（一三五七）、大覚の祈雨の功績により菩薩号が下賜され、以後は日像菩薩と称されるようになった。像師遷化の前年、妙顕寺は四条大宮に移っていたので、像師の門流を四条門流（龍華門流とも）と称する。妙顕寺から分かれた妙覚寺・立本寺（以上、三具足山）、妙蓮寺・本能寺・本隆寺などの諸本山においても像師は開祖として、あるいは門流の祖として敬われている。以上のほかにも像師を歴世・開山に仰ぐ寺院は多く、巻末の一覧のように九十余を数える。

像師には、その布教の足跡を示すかのように多くの遺墨が伝わっている。曼荼羅本尊は「波ゆり」と称する独特の筆法のもので、華麗な紺紙金泥や絵曼荼羅もあり、永岡淳正編『龍華御本尊集』（昭和五十九年、燈明寺）に八十二図を収める。京都妙顕寺には、像師が大覚妙実へ宛てた自筆書状・禁制・譲状など十七通が所蔵されており、他に像師自筆とされる「祈禱経之事」「大漫荼羅之事」「一代五時図」「要文集」「書留」が伝わっている（古文書54～75）。また同寺には、像師が朗師その他より受けた書状、公武よりの綸旨・御教書等の関連資料が残されている。これらは貞松蓮永寺日富編『龍華秘書』（天保九年）に収められ、『日蓮宗学全書』上聖部（第一巻、大正十五年、日蓮宗学全書刊行会。昭和三十四年、山喜房佛書林より再刊）、『日蓮宗宗学全書』史伝旧記部二（第一九巻、昭和三十五年、山喜房佛書林）として翻刻公開されていたが、近時重要文化財に指定され（「妙顕寺文書（千六百五十六通）」、平成四年）、中尾堯ほか編『妙顕寺文書』一（平成三年、妙顕寺）・同『妙顕寺文書』二（平成二十五年、妙顕寺）として図版公開された。このほか像師の著作として『法華宗旨問答抄』（『日蓮宗宗学全書』一巻）、『法華宗弘通抄』（同）、『秘蔵集』（未刊）等がある。

像師の事蹟については、『大日本史料』第六編之七の没年の条に関連資料が集められている。事蹟についての研究は、辻善之助『日本仏教史』第五巻、立正大学日蓮教学研究所編『日蓮教団全史』を初め枚挙に遑がないが、次に触れる伝記とともに、坂井法曄「日像上人伝承考」（『興風』一九号）に関係論著一覧が載せられている。[1]

日像上人の伝記　江戸時代以前に作られた日像上人の事蹟に関する記録や伝記について、主なものを挙げると次のようである。

①大覚十五箇条　像師の法嗣である大覚大僧正（一二九七～一三六四）が、弟子の朗源へ宛てた書状。十五箇条にわたって門流の由来を示す内容で、像師の修学や上洛、寺門経営についての記事がある。京都妙顕寺に所蔵され（古文書48）、『龍華秘書』（『日蓮宗宗学全書』史伝旧記部二・第一九巻）に収められていたが、近時、『妙顕寺文書二』および『第六百五十遠忌記念大覚大僧正』に再録された。

②与中山浄光院書　京都本覚寺の真如院日住上人が、文明十七年（一四八五）頃に記した長文の書状。像師の出自や京都開教に関する記事がある。『日蓮宗宗学全書』一八巻（史伝旧記部一）に収録されている。

③日像門家分散之由来記　元亀・天正のころ妙顕寺で作られたとされる。像師の生没年や事蹟について簡略な記事がある。『日蓮宗宗学全書』一八巻所収。

④妙蓮寺祖師記　慶長十一年（一六〇六）の成立で、日像菩薩以下、京都卯木山妙蓮寺歴代の事蹟を記したもの。まとまった像師の伝記としては、最初のものと思われる。『日蓮宗宗学全書』二三巻（史伝旧記部六）所収。

⑤歴代略伝　元和二年（一六一六）、妙顕寺学頭の本乗院明伝法印が著した。「像師御由来」以下、妙顕寺歴代の事蹟を記す。本書は『龍華秘書』（『日蓮宗宗学全書』一九巻）に収められており、宇治直行寺にも一本がある。

⑥龍華歴代師承伝　明暦元年（一六五五）、元政著。像師を初めとする妙顕寺歴代の詳伝である。著者は漢詩文集『草山集』の作者として知られているが、妙顕寺十四世日豊上人の弟子でもあった。この元政著『龍華伝』は版行されて広まり、後の像師伝の基準となった。日蓮宗全書本『艸山拾遺上巻』（昭和五十三年、本山本満寺より再刊）に、版本の影印を所収。

⑦日像聖人御伝記　一巻。著書未詳。『日蓮大聖人御伝記』全十巻の付録とし

て、延宝九年（一六八一）に刊行された。最初に出生と出家について記し、次いで「第一聖人御入滅以後日朗に随ひ給ふ事」から「第二十三日蓮日朗日像の菩薩号の事」に至る二十三箇条を記す。四面の挿図が付されている。この宗祖・像師の『御伝記』は江戸時代に数度改版され、明治期に活字本も出されたが、近時、小林正博氏により『日蓮大聖人御伝記』（平成二十四年、USS出版）として再刊された。

⑧法華霊場記　京都一樹庵豊臣義俊（未詳）の編著で、貞享二年（一六八五）に刊行された。本国寺を初めとする京都法華宗諸本山を紹介した書。全七巻。巻第二の具足山妙顕寺の部に、像師の事蹟と関係資料を収める。『日蓮聖人伝記全集13』（昭和六十一年、法華ジャーナル）に版本の影印を所収。

⑨本化別頭仏祖統紀　享保十六年（一七三一）に六牙院日潮上人が著し、後に版行された。全三十八巻。宗祖・六老僧を初め日蓮宗諸寺の僧侶の伝記を集成したもの。巻第十「八祖」の中に六老僧・中山常師とともに像師の伝記を収める。潮師は元政『龍華伝』によりつつ、松崎の村老の説や比企の蔵書を加えて像師の伝を記したという。巻十八の「諸山」の部には、像師に教化されて改宗した深草霊光寺実典、松ヶ崎妙泉寺実眼、滝谷妙成寺日乗、脇本妙泰寺妙文、敦賀妙顕寺覚円、小浜妙興寺日禅、深草宝塔寺良桂、鶏冠井真経寺実賢、麦生妙法輪寺日源、薬師村本興寺乗運ら諸師の伝記を載せている。活字本に日蓮宗全書本『本化別頭仏祖統紀』（昭和四十八年、本山本満寺より再刊）がある。

⑩日像菩薩徳行記　明和九年（一七七二）、妙顕寺内弘経寺の泉妙院文可日将が著して版行した。「像師誕生第一」から「公方御礼第三十五」までの三十五箇条からなり、九面の挿図が付されている。元政『龍華伝』の趣旨を和文にし、絵入で読みやすくしたもの（奥書）。本書により、像師の徳行は広く一般に知られるようになった。なお本書は明治二十二年一月、妙顕寺五十二世小林日董師により、二十条に編集され活字本として再発行されている。

⑪龍華年譜　一巻　紀州感応寺の勇猛院日麑《にちげい》が文政年間に著し、著者没後の天保十二年（一八四一）、像師の五百遠忌を記念して妙顕寺から刊行された。像師一代の詳細な年譜で、日麑自身による注釈『龍華年譜備考』二巻と同時に発行された。本書は像師伝の決定版ともいうべきもので、従来の諸書にない記事を多く取り入れている。山川智応『経一麿』（昭和八年）、浅井要麟『日像菩薩絵詞伝』（昭和十五年）、室住一妙「肥後阿闍梨日像上人（乾坤）」（『日蓮主義』十四巻四号・六号、昭和十五年）など、近代の著名な学者による像師伝は、おおむね麑師『龍華年譜』によっているとみてよい。ただし麑師の『年譜』『備考』は、像師の海中修行成満と鎌倉出立を従来の所伝より一年早い永仁元年、二十五歳の春とするなど、通説に対する大胆な変更もある。

本絵伝の特徴　ここに紹介する寛政三年（一七九一）成立の『日像菩薩徳行略絵伝』は、年代的には前記⑩『日像菩薩徳行記』と⑪『龍華年譜』の間に位置するものである。本絵伝の内容は、⑥『龍華歴代師承伝』以下の諸書とおおむね同じであり、とくに箇条を分け、挿図を付した⑦『日像聖人御伝記』および⑩『日像菩薩徳行記』に倣ったものであることは明らかである。

しかし二十八箇条全てに着色の絵を付した「絵伝」の体裁をとり、より啓蒙的な作品となっている点は、本書の特徴として挙げることができよう。この点は、「幼童の見易からしめ…」（奥書）という作者の意図に合致している。同様の絵伝としては、明治十四年に京都村上勘兵衛が版行した銅版刷りの「日像菩薩御一代之画図」一枚、昭和十五年に浅井要麟詞・妹尾天然画・妙顕寺吉沢日尚監修のもと平楽寺書店より発行された『日像菩薩絵詞伝』一冊がある。また明治前期の河鍋暁斎（一八三一〜八九）筆かと思われる紙本着色「像師御一代記画軸」五幅が京都妙顕寺に伝来している。本絵伝は、これら近代の像師絵伝に先立つものである。本絵伝の絵は簡素な描き方ではあるが、金箔を散らすなど意匠が施されている。

二十八箇条からなる構成も、本絵伝独自のものである。『御伝記』や『徳行記』が、菩薩号勅許や四海唱導綸旨など、像師滅後の箇条を立てているのに対し、本絵伝は像師一代に限った内容構成が取られている。二十八箇条は、あるいは法華経二十八品に倣ったものかも知れない。

また本絵伝の箇条と詞書には、諸書にみられない独自の内容も含まれている。「鏡の御影」（第四条、第二十六条）や「伝法付属の大曼荼羅」（第二十三条）など、妙覚寺の寺宝に関する所伝は本絵伝独自であり、製作の環境を反映していよう。(2) 妙覚寺は、妙顕寺の日像・大覚・朗源の三師に師事した日実・日成の兄弟が、永和四年（一三七八）に像師の信徒であった高辻大宮の小野妙覚邸宅跡に一宇を別立したのに始まり、後には北龍華と称し、妙顕寺と並ぶ日像門流の拠点となった。本絵伝は『龍華伝』『徳行記』など妙顕寺で作られた諸書によりつつも、妙覚寺の系統で編集し直されたものとみてよい。本絵伝の奉納者が妙覚寺の信徒であったことは、後述するとおりである。

　このほか、本絵伝の特徴として、次の諸点が挙げられる。

弘安五年、池上での棺前剃髪と改名を十月十四日とする（第五条）。

永仁二年三月の出立にさいし、朗師見送りの場面を描く（第八条）。

滝谷妙成寺開山となった日乗の名を「日延」とする（第十一条）。

若狭妙興寺開創に関して、従来の所伝にない「蚯蚓問答」を載せる（第十三条）

題目石塔の傍らで籠に座して説法する姿を描く（第十六条）。

墨屋甚兵衛　寛政三年（一七九一）三月、本絵伝を妙覚寺日遂上人に寄進した墨屋甚兵衛こと入江延成（?～一八〇〇）は、妙覚寺末寺の大坂谷町法妙寺（昭和四十一年に大東市寺川に移転）の檀越で、妙覚寺の大坂開帳再興題目講の発起人であった。(3) 日遂上人の後を承けた五十世日琮上人の代には、大坂年参妙覚搆の発起人となり、寛政十年（一七九八）、日琮上人大坂勧化のさいには個人として二両、講中として三十両を奉納し（妙覚寺文書書冊勧化7「浪花巡説勧物記」）、記念として常雲香炉を寄進した（祖師堂安置）【図版】。その後、『高祖御一代絵』三十幅（寺宝16）を寄進し、さらに像師が能登妙成寺に植えたという槐材を求め祖師像造立を志すも果たせず、寛政十二年（一八〇〇）十月五日に没した（書冊過去帳4）。文政元年（一八一八）、子息の甚右衛門によって念願の祖師像が妙覚寺に奉納された（『京都本山妙覚寺史』四八頁）。本絵伝の裏書にあるとおり、入江甚兵衛は妙覚寺日遂上人より慈山院宗仁日譲の逆修法号を受けていた。

墨屋甚兵衛の名が刻まれた大香炉　妙覚寺祖師堂

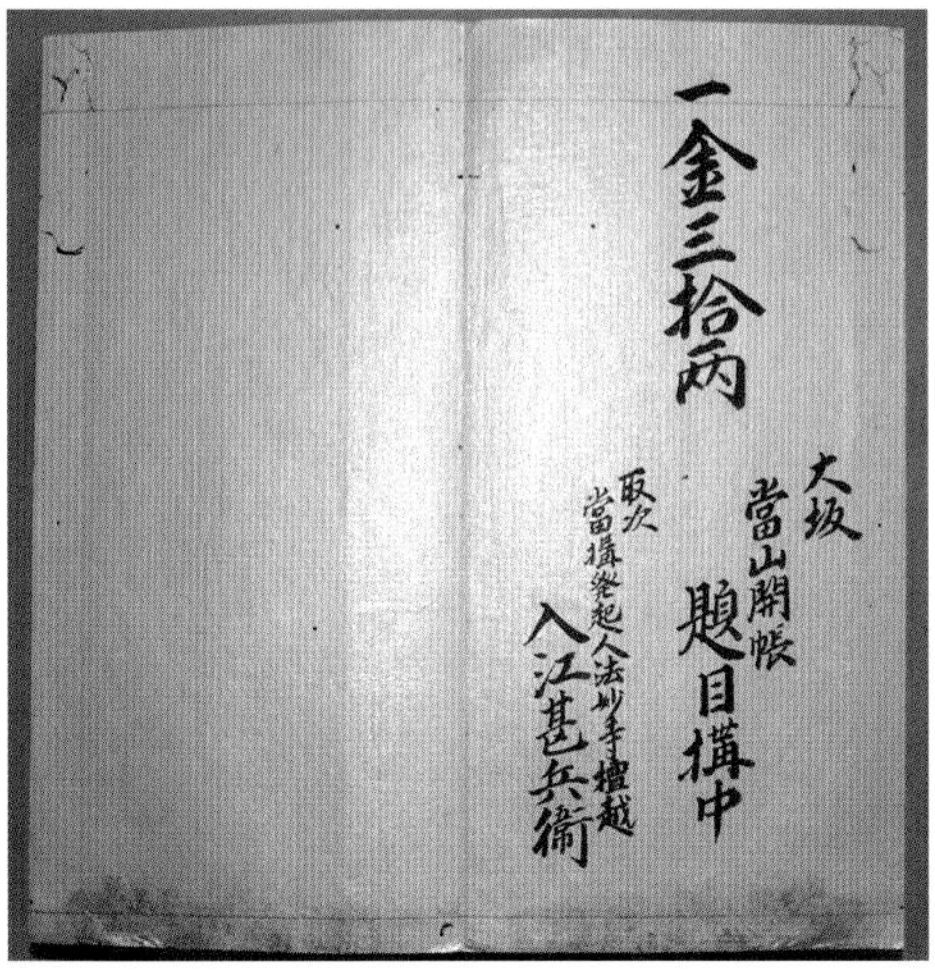

一金三拾両
大坂
當山開帳
題目搆中
取次
當講発起人法妙寺檀越
入江甚兵衛

墨屋甚兵衛が大坂法妙寺の檀越であることを示す妙覚寺文書「浪花巡説勧物記」

日遂上人　本絵伝の裏書を書した慈譲院周澄日遂上人は、越中の人で、本圀寺三十世体智院日誠師の弟子である。下総中村檀林に学んで上座玄講に上り、大坂妙徳寺二十三世住持となった。天明八年（一七八八）二月、京都本山妙覚寺四十九世に転じたが、前月の天明の大火で諸堂悉く焼失しており、焼け残った浴室にて入山式を調えたという。以後は復興に奔走し、小客殿・対面所・鐘楼堂・番神社・御神体・車寄玄関・使者間・廊下・土蔵・正御影厨子・鬼子母神厨子を再建。寛政三年（一七九一）三月、日像菩薩四百五十遠忌法会を修した。寛政六年（一七九四）、隣山妙顕寺三十八世に転じ、享和元年（一八〇一）十月五日、七十歳で寂した。門下には妙覚寺五十一世となる妙用院日運、同五十二世修要院日盈、本圀寺三十九世慈互院日等など逸材が輩出している（『京都本山妙覚寺史』、『奠師法縁史』）。大坂の墨屋甚兵衛とは、妙徳寺時代からの旧知であったのであろう。前記の諸書や香炉のほか、現在境内の東端に立つ像師四百五十遠忌石塔や【図版】、書院から本堂（大客殿）への上がり口に掛かる半鐘も、日遂上人代に大坂講中より寄進されたものである。

　本絵伝は、日遂上人が寛政元年（一七八九）に竣工させた妙覚寺の小客殿に飾られ、日琮上人代の享和年間に大客殿（今の本堂）が完成するに及んで、そちらへ移されたのであろう。昭和二十九年四月二十一日に妙覚寺客殿で開催された第一回全国龕統法縁大会総会の写真に、本絵伝六垂が写っている（『龕師法縁史』六二二頁）【図版】。

結語　日蓮宗の僧侶で、像師のように徳行記や絵伝が繰り返し作られ、鑽仰され続けた人物は、宗祖日蓮聖人と本法寺の鍋冠日親上人をおいて他にはあるまい。本絵伝は、江戸時代の日像上人信仰を物語るものであり、また天明八年（一七八八）類焼後の京都諸本山の復興を示す資料としても貴重である。ちなみに本年（平成三十年）は、日像菩薩の生誕七百五十年に当たっている。

（岡山市妙広寺修徒・常円寺日蓮仏教研究所主任）

像師略絵伝が飾られた妙覚寺大客殿（本堂）昭和29年４月21日

日逐上人が建てた像師四百遠忌報恩塔

註

（1）近代以降に出版された像師伝の主なものとして、小林日董編『四海唱導日像菩薩徳行記』（明治二十二年、京都村上勘兵衛）、『日像聖人御伝記』（明治四十三年、大本山本門寺）、小笠原長生『日像菩薩』（大正十一年、大本山妙顕寺）、『四海唱導日像菩薩御伝記』（昭和四年、本山本土寺）、武田乙若（山川智応）著『経一磨』（昭和八年、聖教社）、昇塚日景著『日像上人』（昭和十一年、本化信行学会）、浅井要麟詞・妹尾天然絵・吉澤日尚監修『日像菩薩絵詞伝』（昭和十五年、平楽寺書店）、室住一妙「肥後阿闍梨日像上人（乾坤）」（『日蓮主義』十四巻四号・六号、昭和十五年）、藤井寛清作画『劇画宗門史　日像上人』（平成二年、日蓮宗新聞社）、三木随法編『日像菩薩年表・徳行記』（平成三年、京都府第一部布教師会）、藤井教雄著『帝都弘通之祖　日像さま』（平成六年、大宣堂印刷）、『日像菩薩御伝記』（平成三十年、本山長谷山本土寺）、『日像菩薩御伝記』（平成三十年、京都像門本山会）がある。

像師の事蹟研究としては、関連資料を集成した『大日本史料　第六編之七』（明治四十一年、東京帝国大学史料編纂所）を初めとして、辻善之助著『日本仏教史第五巻中世篇之四』（昭和二十五年、岩波書店）、山田日真編『日宗龍華年表』（昭和二十七年、大本山妙顕寺）、高木豊「龍華日像の布教について」（『棲神』二九号、昭和二十八年、『中世日蓮教団史攷』（平成二十年、山喜房佛書林）に再録）、宮崎英修著『日蓮とその弟子』（昭和四十六年、毎日新聞社）、藤井学「日像―題目流布初めて京の町へ」（『歴史と人物』二、昭和四十九年、中央公論社、『法華文化の展開』（平成十四年、法藏館）に再録）、宮崎英修「京都の開教日像上人」（『日蓮宗の人びと』昭和五十一年、宝文館）、糸久宝賢「像師の京都弘経について」（『日蓮教学研究所紀要』六号、昭和五十四年）、立正大学日蓮教学研究所編『日蓮教団全史　上』（昭和五十五年、平楽寺書店）、新倉善之「池上本門寺の開創と日朗」（『大田区史　上』昭和六十年、東京都大田区）、横山正「『日さうき』（草稿）」（『近世演劇攷』昭和六十二年、和泉書店）、池浦泰憲「南北朝内乱期の祈祷寺―妙顕寺の事例から―」（『ヒストリア』一九二号、平成十六年）、坂井法曄「日像上人伝承考」（『興風』一九号、平成十九年、興風談所）、『第六百五十遠忌記念　大覚大僧正』（平成二十五年、京都像門本山会）、河内将芳『日蓮宗と戦国京都』（平成二十五年、淡交社）、中尾堯「妙顕寺の開山日像上人のご一生を語る」（『最初具足山妙顕寺史』平成二十六年、最初具足山妙顕寺）、望月真澄「日像上人の北陸伝道～その足跡と伝説～」（同）、「日像上人と北陸」（『日蓮宗新聞北陸教区版』平成二十六年六月一日）等がある。

（2）京都妙覚寺の寺宝・寺史に関する出版として、立正大学史料研究会編『京都・北龍華妙覚寺文書目録』（昭和四十八年、妙覚寺）、関根龍雄編『京都本山妙覚寺史』（平成二年、本山妙覚寺）、頂岳龍乗編『妙覚寺寺宝集成』（平成十五年、本山妙覚寺）、常円寺日蓮仏教研究所編『平成二十四年度京都本山妙覺寺歴代先師会の栞』（平成二十四年、本山妙覺寺）、同『平成二十六年度京都本山妙覺寺歴代先師会の栞』、同『平成二十七年度京都本山妙覺寺歴代先師会の栞』、同『平成二十八年度京都本山妙覺寺歴代先師会の栞』がある。

（3）御遠忌正当のこの年の冬、大坂入江氏は深草宝塔寺本廟前の像師法輪石を整備し、石柱を建立している。石柱正面には「華洛開山日像菩薩／法輪石」、右側には「正當辛亥之冬／日琮代」、左側には「四百五十回景大恩報謝／願主大坂入江氏」と刻まれている。また隣に置かれた自然石には「日像菩薩高座石」、「延宝三乙卯年／七月廿日」等の刻文がみえる。本篇第十七図版参照。

妙遠山　善行寺（日蓮宗京都立本寺末）福知山市天田北岡一五五。もと真言宗で堀の湯口にあり、建武二年（一三三五）、住僧大円坊が像師と法論して弟子となり、改宗して像師を開山、自らは大乗院日円と改名して二世となったという。『日蓮宗寺院大鑑』七三三頁。

〈大阪府〉

栄照山　妙慶寺（日蓮宗京都妙顕寺末）堺市新在家町東二―二―六。像師の開創で京都にあったと伝える。境内に像師が木幡口に立てたという題目石塔がある。『龍華年譜備考』三五丁表、『日蓮宗寺院大鑑』七七二頁。

〈滋賀県〉

小足山　常昌寺（日蓮宗京都妙顕寺末）長浜市新栄町四〇二。正中元年（一三二四）、日像が北陸弘経の途次に開基したと伝える。『日蓮宗大観』三三二頁、『日蓮宗寺院大鑑』七九二頁。

霊亀山　妙立寺（日蓮宗立本寺末）長浜市加田町一〇七。延慶二年（一三〇九）二月、像師が大覚大僧正を伴って浅井領主平井左京太夫友清の館で説法し、天台宗の廃寺跡に建立したと伝える。大覚大僧正を開山、青蓮房日選を二世とする。『日蓮宗大観』三三二頁、『日蓮宗寺院大鑑』七九二頁。

具足山　妙感寺（日蓮宗京都立本寺末）近江八幡市馬淵町四九二。もと真言宗であったが、像師が関東下向の折、今浜の今江彦左衛門とともに岩倉の人十人が改宗し（上講中）、帰京の折にまた十人が改宗（下講中）。この時、住僧の智徳院明慶も改宗し、像師を開山、自らを二世とした。開創は永仁四年（一二九六）とも応長元年（一三一一）とも。守山本像寺・今浜法華寺とともに近江三具足山と称する。像師本尊（本尊集75）を所蔵。『龍華年譜』一七丁、『日蓮宗大観』三三三頁、『日蓮宗寺院大鑑』七九四頁

具足山　妙経寺（日蓮宗京都立本寺末）近江八幡市長福寺町一二九。もと真言宗で町名と同じ長福寺といった。文保二年（一三一八）、像師の教化により改宗したという。像師本尊（本尊集52）を所蔵。『日蓮宗大観』三三三頁、『日蓮宗寺院大鑑』七九四頁。

寂光山　浄国寺（日蓮宗京都立本寺末）近江八幡市牧町七八二。永仁四年（一二九六）、像師が村民を教化するため一泊した霊跡と伝える。『日蓮宗大観』三三三頁、『日蓮宗寺院大鑑』七九四頁。

具足山　本像寺（日蓮宗立本寺末）守山市今宿一―一二―二〇。応長元年（一三一一）三月、像師が関東下向の途次、今浜から守山の当地に来たって開創したと伝える。今浜法華寺と同様、開山日像、二世大覚、三世朗源とし、岩倉妙感寺を含めて近江三具足と称する。室町時代に守山清水町より現在地に移転。像師本尊（本尊集36）、像師が石工に刻ませた本尊が現存する。『龍華年譜』一七丁、『日蓮宗大観』三三三頁、『日蓮宗寺院大鑑』七九五頁。

古高山　円成寺（日蓮宗京都立本寺末）守山市古高町一一三。『日蓮宗寺院大鑑』七九六頁に「開山は竜華樹院日像と伝えられるが、創立年代は明らかでない」とある。

具足山　法華寺（日蓮宗立本寺末）守山市今浜町二〇五。像師が堅田から木浜へと琵琶湖を渡る船中で、当地今浜の庄屋今江彦左衛門を教化して開創した近江最初の日蓮宗寺院という。創立は永仁二年（一二九四）十月とも応長元年（一三一一）とも伝える。開山像師、二世大覚、三世朗源と継承されたという。今宿本像寺・岩倉妙感寺とともに近江の三ツ具足と称される。『龍華年譜』一七丁、『日蓮宗大観』三三三頁、『日蓮宗寺院大鑑』七九六頁。

長照山　真常寺（日蓮宗京都立本寺末）大津市末広町四―七。もと真言宗で大津松本の山上にあったが、永仁六年（一二九八）、像師の教化により住持祐慶は日豪と改称し、一山挙って改宗したという。天正年間、京極氏の築城にさいし現在地へ移転した。『日蓮宗大観』三三四頁、『日蓮宗寺院大鑑』七九八頁。

〈和歌山県〉

長流山　養源寺（日蓮宗京都妙覚寺末）有田郡広川町広一四六五。像師が延慶三年（一三一〇）三月八日に配流された鹿ヶ瀬の遺跡。延文二年（一三五七）に大覚大僧正が遊化し弟子朗妙に草庵を結ばせたと伝える。中井亨頂『紀州日蓮宗風土記』、『日蓮宗寺院大鑑』八一八頁。

〈岡山県〉

仏住山　蓮昌寺（日蓮宗妙覚寺末）岡山市北区田町一―四―一二。正慶年間（一三三二～三四）の創立。開山日像菩薩、二祖大覚大僧正。備前富山城主の松田左近将監元喬（?～一三四四）が大覚大僧正を論破させようとして、城中で真言僧と問答させたが、逆に教化されて開創したという。寺号は元喬の法号蓮昌院に由来する。慶長六もと城内の榎の馬場にあり、天正年間に森下村（旭川対岸の国富）に移転。

年に岡山城下の現在地に再移転。寺宝に像師が備然の信徒七十五人のために揮毫したという縦約七メートル・横約四メートルの七十五枚継大曼荼羅（岡山市重要文化財、本尊集33）がある。『大覚大僧正と三備開基寺院』五五頁、『日蓮宗大観』三五八頁、『日蓮宗寺院大鑑』八五二頁、『蓮昌寺史』（平成十四年、岡山蓮昌寺）。

仏住山　覚善院（日蓮宗岡山蓮昌寺内）岡山市北区田町一―三―三。『日蓮宗寺院大鑑』八五二頁に「正慶（1332～34）年間の創立。開基竜華樹院日像」とある。

龍華山　妙覚寺（日蓮宗不受不施派）岡山市北区御津金川六〇〇。明治十五年、釈日正が江戸時代後期の医師難波抱節の宅跡を入手して建立し、日蓮宗不受不施派の祖山とした。宗祖・朗師・像師より二十一世日奥までの歴代は京都妙覚寺と同じ。『日蓮宗寺院大鑑』一一四一頁。

久遠山　本覚寺（不受不施日蓮講門宗）岡山市北区御津鹿瀬四九二。不受不施講門派の本山。妙宣庵、ついで鷲峰教院と称し、明治二十年十月、本堂を建立。明治二十九年十二月、久遠山本覚寺の寺号を公称した。宗祖・朗師・像師より二十一世日奥までの歴代は京都妙覚寺と同じ。『日蓮宗寺院大鑑』一一四一頁。

具足山　妙本寺（日蓮宗妙顕寺末）加賀郡吉備中央町北一五〇一。備中野山庄の地頭伊達氏（野山氏）の菩提寺で、大覚大僧正が西国布教の拠点とした寺院。像師の大覚大僧正宛て書状に「野山」「野山殿」が散見する。寺伝によれば、弘安四年（一二八一）、伊達弾正朝義が日蓮聖人より寺号を授かり、像師を開山として当寺を開創。嘉元二年（一三〇四）に領内の寺院を改宗させて末寺とし、正和（一三一二～七）のころ大覚妙実上人が像師の命によって宗祖真骨を奉じて入山し第二世となったという。室町時代には京都本山妙顕寺貫首の隠居所であり、江戸時代以降も大和村内の七ヶ寺を支配する中本寺であった。『大覚大僧正と三備開基寺院』一五五頁、『日蓮宗寺院大鑑』八八二頁、『日蓮宗大観』三六三頁。

〈広島県〉

妙性山　妙顕寺（日蓮宗妙顕寺末）福山市水呑町一六一七。鞆津より上陸した大覚大僧正が、水呑の刀工三原一乗妙性を教化して開創。京都妙顕寺より寺号を与えられる。像師を開山、大覚大僧正を二世とし、延文元年（一三五六）四月八日の創立とする。元亨三年（一三二三）三月十八日、妙性授与の像師本尊を所蔵。『西龍華妙性山妙顕寺寺宝集成』（平成二十五年、妙顕寺）、『日蓮宗大観』三八〇頁、『日蓮宗寺院大鑑』八九〇頁。

小松山　顕應寺（日蓮宗福山妙顕寺末）福山市田尻町四〇。元応二年（一三二〇）の創立。開山日像、開基成道坊源来（一四〇五～八六）と伝える。『日蓮宗大観』三七九頁、『日蓮宗寺院大鑑』八九〇頁。

清光山　重顕寺（日蓮宗福山妙顕寺末）福山市水呑町一七〇五。もと真言宗であったが住持の戒善院日行（?～一三四六）が京都で像師に教化され、帰山後、改宗改名し像師を開山、自らは二世となった。創立は徳治元年（一三〇六）とも応長元年（一三一一）ともいう。日像本尊（准宗宝）を伝える。『日蓮宗大観』三八〇頁、『日蓮宗寺院大鑑』八九一頁。

自昌山　國前寺（日蓮宗本山）広島市東区山根町三二―一。もと真言宗であったが住持の暁忍が来錫した像師に帰伏して改宗。像師を開山、暁忍を開基二世、大覚を三世に勧請する。像師の暁忍授与の曼荼羅本尊を伝える（本尊集74、78）。『日蓮宗寺院大鑑』八九九頁、『日蓮宗大観』三八一頁。

〈鳥取県〉

大宝山　芳心寺（日蓮宗京都妙顕寺末）鳥取市馬場町六。『日蓮宗大観』三九〇頁に「開基日広上人、開山日像菩薩、寛永九年三月創立」とある。

〈高知県〉

有岡山　真静寺（日蓮宗京都妙顕寺末、末寺二）四万十市有岡一二四五。建武三年（一三三六）、開基有岡地頭の民部少輔が上洛して像師より曼荼羅を賜り居城を寄進して寺としたと伝える。九世日教まで歴代は京都妙顕寺と同じ。元亨元年（一三二一）創立とも。『日蓮宗大観』三七七頁、『日蓮宗寺院大鑑』九五四頁。

※龍華瞻仰「日像上人の足跡をたずねて」（インターネット）を参照

年　譜

文献略称　龍華歴代師承伝→龍華伝、龍華御本尊集→本尊集、日像聖人御伝記→御伝記、本化別頭仏祖統紀→仏祖統紀、日像菩薩徳行記→徳行記、日像菩薩徳行略絵伝→略絵伝。妙顕寺の所蔵文書は『京都妙顕寺文書目録』の分類番号を示す。龍華秘書は『日蓮宗宗学全書』一九巻の頁数を示す。

文永六年　己巳（一二六九　一歳）
八月十日　下総平賀の平賀忠晴の館に誕生（龍華伝）。一説に十月八日誕生とも（歴代略伝）。

建治元年　乙亥（一二七五　七歳）
二月　父に連れられ鎌倉の日朗の室に入る。朗師に伴われ身延山の日蓮聖人に拝謁、経一丸の名を賜る（龍華伝）。
十二月　日蓮聖人、経一丸に本尊を授与する（妙顕寺曼荼羅本尊1）。

建治二年　丙子（一二七六　八歳）
正月八日　宗祖より自我偈・此経難持・以要言之・欲令衆生等の要文を習う（御伝記）。

弘安五年　壬午（一二八二　十四歳）
十月十一日　池上にて宗祖より帝都弘経を命じられる（略絵伝、龍華年譜）。
十月十四日　前日入滅した日蓮聖人の棺前で日朗を師として剃髪受戒する（仏祖統紀、略絵伝）。

弘安六年　癸未（一二八三　十五歳）
平賀に帰り父の廟を拝し、母を見舞う（龍華年譜）。

弘安七年　甲申（一二八四　十六歳）
四月　朗師について薙髪受職灌頂（龍華年譜）。

正応三年　庚寅（一二九〇　二十二歳）
四月二日　妙経全部を書写し終わる（龍華年譜）。

正応五年　壬辰（一二九二　二十四歳）
『秘蔵集』三巻を著す（龍華年譜）。
十月二十六日より百日間、昼は比企谷の一室にて妙典を書写、夜は由比ヶ浜の海水に入り寿量偈百遍等の荒行を行う（龍華年譜。龍華伝等の諸書は永仁元年とする）。

永仁元年　癸巳（一二九三　二十五歳）
二月七日　百日満行の日、海上に波ゆり題目を感得（龍華年譜。龍華伝等は永仁二年とする）。
二月十二日　細字法華経を書写する（妙顕寺所蔵奥書）。
この後、池上の朗師・平賀の母公に別れを告げ出立。清澄・小松原・龍口・伊豆・身延・佐渡の宗祖霊跡を巡拝。七尾に上陸し年内に能登・加賀・越前を巡錫。西馬場本土寺・滝谷妙成寺・麦生妙法輪寺・三谷宝乗寺・金沢妙正寺・成村行善寺・阿保村報恩寺・今宿妙勧寺・大道妙泰寺を開く（龍華年譜。龍華伝等の諸書は出立を永仁二年とする）。
明年宗祖十三回忌の上洛を祈念し比企谷にて細字法華経を書写する（龍華伝）。
十月二十六日より百日間、上洛祈念のため由比ヶ浜にて自我偈百遍の寒中修行を行う（大覚十五ヶ条・龍華伝。龍華年譜は正応五年）。

永仁二年　甲午（一二九四　二十六歳）
二月　由比ヶ浜での寒中修行成満。海水に首題を大書（龍華伝。龍華年譜は永仁元年とする）。
二月十五日　五条堀川材木の上で初めて題目と四ヶ名言を唱える。六条坊門室町の大工志・柳酒屋の先祖法実、第一・第二の信者となる（与中山浄光院書）。
三月五日　生国を立つ。北陸道を経て上洛。舎人二人（歴代略伝）。
三月　京都を目指して出立。この後、北陸を巡錫して能登馬場本土寺・滝谷妙成寺・越前脇本妙泰寺・敦賀妙顕寺・若狭小浜妙興寺を開く（龍華伝。龍華年譜は鎌倉出立、能登・越前巡錫を永仁元年とする）。
三月二十八日　坂本の油屋太郎兵衛の家に入り、翌日より三日間、兵衛の案内で叡山三塔を見物する（歴代略伝）。
四月二日　入洛し、五条の大工藤右衛門の家に入る。藤右衛門の案内で二十四日をかけて洛中洛外の諸寺・愛宕・八幡・山崎・醍醐・吉田・南都七大寺を見物する（歴代略伝）。
石清水八幡宮に一宿し神官より神託を告げられる。この前後、北嶺・南都など五畿内の霊跡を訪ねる（龍華伝）。
四月十三日　寅の刻二十六歳で入洛（妙顕寺古文書130「日像上人略伝」、龍華秘書P116）。

四月十四日　寅の刻京都に着く（大覚十五箇条）。

四月十四日　丑の刻五条西洞院河辺に立ちながら題目修行を始める。近所の呉長興という酒屋檀那となり、夜はその家内にて、昼は小路にて臼を高座に説法する（日像門家分散之由来記）。

四月十六日　大工藤右衛門兄弟と家中十七人、四条西洞院柳酒屋が受法する（歴代略伝）。

四月二十八日　御所の東門にて朝日に向かい初めて題目を唱える。五月十三日・二十一日にも唱題し以後日々都の四方の道に出て唱題説法する（歴代略伝、龍華伝）。

洛北大将軍村に草堂（十如寺）を結び十如是を講じる（龍華年譜）。

三条にて説法中、松ヶ崎歓喜寺の実眼、深草法身荘厳寺の実典と問答し、弟子とする（龍華年譜）。

永仁三年　乙未（一二九五　二十七歳）

四月　日昭より経一へ本尊が授与される（龍華年譜、玉沢手鑑草稿）。

室町の小野氏と母妙覚・五条の酒肆中興氏が檀越となる（龍華年譜）。

下賀茂の井上氏の宅（大妙寺）に招かれ説法する（龍華年譜）。

永仁四年　丙申（一二九六　二十八歳）

南都に赴き宗祖遊学の諸刹を訪ねる。途次、宇治の金持久弘の家（直行寺）に入り夫妻を教化する（龍華年譜）。

嘉元三年　乙巳（一三〇五　三十七歳）

六月十四日　鴨川の上で説法中、祇園祭のため追い払われたが、神輿が動かなくなったので祠官に謝られ、紙符に本尊を書して先導し神輿を動かす（龍華年譜）。

嘉元四年・徳治元年（12／14改元）　丙午（一三〇六　三十八歳）

三月八日　本尊を図す（神崎郡蓮華寺蔵、龍華御本尊集（以下「本尊集」）1）。

七月十四日　松崎歓喜寺の実眼に請われて三日間説法。村民を改宗させ寺号を妙泉寺と改める（龍華年譜）。

徳治《(補注)》二年　丁未（一三〇七　三十九歳）

五月二十日　山門の讒訴により、洛外擯出の院宣が下される（日像門家分散之由来記、龍華秘書P130）。二十三日、答書を奉って諫暁する（日像門家分散之由来記）。

西海下向の途次、鳩と老翁に止められ向日明神社頭で説法。鶏冠井村の三郎四郎ら受法。鍋に奇瑞を現し村民多く改宗するという。また鶏冠井真言寺の実賢・深草極楽寺良桂と三昼夜問答して屈服させ、真言寺を真経寺と改称する（龍華年譜）。

七月十七日　朗師より書状を送られる。火事で失った御経一部を送ってもらった礼を述べられ、院宣のことは返す返す本意に非ずと慰められる（龍華秘書P5）。

十二月十三日　山崎に蟄居中、日輪より書状を送られる。「京都御不住の事」を愁嘆していると慰められる（龍華秘書P6）。

延慶二年　己酉（一三〇九　四十一歳）

七月八日　妙実へ伝授状を授ける（妙顕寺古文書5）。

自像を刻んで平賀の母妙朗尼に送る（龍華年譜）。

八月二十八日　一度めの華洛追却を赦免される（龍華秘書P130）。

都へ戻り小野氏・中興氏から土地を寄進される。後の妙覚寺・妙蓮寺（龍華年譜）。

延慶三年　庚戌（一三一〇　四十二歳）

三月八日　二度目の洛中追却の宣旨下される（与中山浄光院書、日像門家分散之由来記、龍華秘書P130）。

三月十三日　母妙朗尼逝去（龍華年譜）。

関東より丹波へ行く途次の日範の来訪を受ける（龍華年譜）。

四月十五日　明済朝臣ら官人三十三名を洛中より追却すべき院宣が下される（龍華秘書P131）。庶民数百人も都を追われる（龍華年譜）。

四月二十三日　官人たちの住宅は破却に及ばないが急ぎその身を追却するよう権中納言定資より検非違使別当へ通達される（龍華秘書P132）。

五月十七日　都を退かない法華宗の住宅を破却すべき院宣が下される（龍華秘書P132）。

六月十九日　法華宗寄宿の堂舎を破却すべき院宣が下される（龍華秘書P133）。

六月二十三日　法華宗追却の院宣を受けて「訴状」（宗全1-274）を著し、諸宗と対決して邪正を糾明することを請い、都を去る（与中山浄光院書）。

十二月二十一日　鎌倉の朗師・越後の日印より書状を送られ「洛中御退出」を慰められる（龍華秘書P6）。

西海に赴こうとして向日明神に止められる（龍華伝）。

延慶四年・応長元年（4／28改元）　辛亥（一三一一　四十三歳）

三月三日　朗師より書状を送られる。法難を労われ、十月頃の下向を望まれる（龍華秘書P8）。

三月七日　二度目の追放を赦免され綾小路大宮の本坊に還住する（日像門家分散之由来記、龍華秘書P133）。

この頃、関東へ下り朗師に再会。鎌倉扇谷に薬王寺を開く。また平賀に妙泉院を開き母尼公の像を刻む。この途次、横川浄光院を拝し、近江に守山本像寺・岩倉妙感寺・今浜法華寺、駿河に興津石塔寺・府中妙像寺、遠江に橋羽妙恩寺を開く（龍華年譜）。

十月九日　比企谷の朗師より綾小路御房あてに書状を送られる。関東下向の礼を述べられる（龍華秘書P9）。

応長二年・正和元年（3／20改元）壬子（一三一二　四十四歳）

二月二十四日　駿河の日位より書状を送られる（龍華秘書P11）。

三月三日　本尊を図す（京都妙顕寺蔵、本尊集2）。

正和二年　癸丑（一三一三　四十五歳）

北野で説法中、嵯峨大覚寺門主が通りかかり、七日聴聞して弟子となる（龍華伝）。

この年、『法華宗旨問答抄』を著す（龍華年譜）。

正和三年　甲寅（一三一四　四十六歳）

嵯峨に趣き説法し数百人を改宗させる（龍華年譜）。

この年、関東へ下向し朗師に対面（三月十四日朗師書状）。

正和四年　乙卯（一三一五　四十七歳）

三月十四日　朗師より書状を送られ、鎌倉大火・宗論のことを知らされる（龍華年譜）。正和元年とも。

三月十五日　本尊を図し一乗へ授与する（京都本満寺所蔵）。

備後三原の本妙・妙泉夫妻来たって受法、のち本妙寺を開く（龍華年譜）。

七月十三日　本尊を図し日弁に授与する（宮津妙円寺蔵、本尊集3）。

八月二十一日　朗師より書状を送られ、障子十間唐紙・剃髪子一手を送るよう依頼される（大田区史）。

十月二十三日　朗師より書状を送られ、障子唐紙を送るよう頼まれる（大田区史）。

十二月二日　朗師より書状を送られ、大聖人の三枚次本尊・大事法門二帖を譲られる（大田区史）。

正和五年　丙辰（一三一六　四十八歳）

十月十五日　朗師より書状を送られ、上総の榎沢孫太郎所持の日蓮聖人本尊二幅が盗まれて京都にあるので取り戻すよう依頼される（大田区史）。

「丙辰の歳は南無妙法蓮華経広宣流布の年に当るなり」と記す（妙顕寺古文書74）。

文保二年　戊午（一三一八　五十歳）

正月十三日　『祈祷経之事』一巻を著す（妙顕寺古文書54）。続けて「妙法受持之事」「袈裟頂戴之事」を書し、裏面に「本迹口決」を書す（妙顕寺古文書54）。

七月、本尊を書して景信に授与する（京都妙覚寺蔵、龍華年譜、本尊集4）。

十月二十三日　朗師より『本迹勝劣口決』を送られる（龍華年譜）。

十二月十八日　『大曼荼羅之事』を著す（妙顕寺古文書55）。

文保三年・元応元年（4／28改元）己未（一三一九　五十一歳）

三月二十七日　本尊を図し妙実へ授与する（京都妙覚寺所蔵・本尊集5）。

この年、『本迹勝劣口決』を註して高足の門人に授ける（龍華年譜）。

この年、『祈祷経之事』の裏に「本迹口訣」を書す（龍華秘書P19）。

元応二年　庚申（一三二〇　五十二歳）

正月三日　朗師より書状（玄旨本尊添状）を送られる（妙顕寺曼荼羅本尊1付）。

一月二十一日　朗師、鎌倉に遷化。弟子妙実に喪に臨ませる（龍華年譜）。

三月二日　日輪ら八名より連署状と朗師分骨を送られる（妙顕寺古文書31）。

元亨元年　辛酉（一三二一　五十三歳）

正月　関東へ下り朗師一周忌に臨む（龍華年譜）。

三月　本尊を図し本妙に授与する（和歌山正住寺蔵、本尊集6）。

六月四日　本尊を図し日乗に授与する（福井妙泰寺蔵、本尊集7）。

十月二十五日　三度目の洛中追却の宣旨下される（妙顕寺古文書74）。

十一月八日　「法華宗日像洛中経廻」を「勅免」する後醍醐天皇綸旨が、前肥後守俊有より大隅前司に下される（妙顕寺古文書、龍華秘書P134）。御溝傍に地を賜り妙顕寺を開く（仏祖統紀）。

十二月二日　日輪より書状を送られる。朗師遺弟のうち摩訶一殿が十月十二日の宗祖逮夜仏事を別に行い聖教を持ち出すなどして衆徒一同に恨まれていることを報じられ、明年一月の朗師三回忌に下向するよう懇望される（妙顕寺古文書32）。

元亨二年　壬戌（一三二二　五十四歳）

四月　本尊を図し某氏に授与する（福井妙泰寺蔵、本尊集8）。

五月二十一日　日澄より書状を送られる。妙音房（日行）が摩訶一殿（日印）に同心し比企谷の朗師遺弟は仲違いの状況にあると報じられる。また「京都」に「還住」できず「山林の御すまい」にあることを労われ、宗祖の伊豆・佐渡の法難と同じと励まされる（妙顕寺古文書49）。

元亨三年　癸亥（一三二三　五十五歳）

春　『法華講式』を著し、以後毎月十三日の宗祖忌日に音楽伽陀を修すよう定める（龍華年譜）。

元亨四年　甲子（一三二四　五十六歳）

三月　本尊を図す（佐渡実相寺所蔵）。

正中二年　乙丑（一三二五　五十七歳）

六月二十八日　本尊を図し円信に授与する（池上本門寺蔵、本尊集9）。

正中三年・嘉暦元年（4／26改元）丙寅（一三二六　五十八歳）

二月十五日　本尊を図し沙弥法善に授与する（京都妙蓮寺蔵、本尊集10）。

二月十九日　本尊を図す（京都妙覚寺蔵、本尊集11）。

二月二十日　本尊を図し羅睺羅丸に授与する（金沢蓮昌寺蔵、本尊集12）。

十二月二十六日　本尊を図し善日女に授与する（京都妙蓮寺蔵、本尊集13）。

十□月　本尊を図し善男子常□に授与する（京都妙覚寺蔵、本尊集14）。

嘉暦二年　丁卯（一三二七　五十九歳）

五月十五日　本尊を図し妙吉に授与する（福井中部経王寺所蔵）。

嘉暦三年　戊辰（一三二八　六十歳）

六月二十日　本尊を図し阿部近行（金地直行の孫）に授与する（宇治直行寺蔵、本尊集15）。

九月八日　『一代五時図』を書す（妙顕寺文書73）。

覚俊を受戒させ本尊を与える（龍華年譜）。

嘉暦四年・元徳元年（8／29改元）己巳（一三二九　六十一歳）

三月十六日　本尊を図す（京都妙顕寺蔵、本尊集16）。

六月六日　本尊を図し僧妙尊に授与する（宇治直行寺蔵、本尊集17）。

元徳二年　庚午（一三三〇　六十二歳）

正月元日　本尊を図し能州一宮住僧沙門日乗に授与（京都涌泉寺蔵、本尊集18）。

正月元日　本尊を図し付弟沙門妙成阿闍梨日乗大行者へ授与（個人蔵、本尊集82）。

正月十三日　本尊を図し備中青江住右衛門尉吉次鍛冶棟梁に授与する（鶏冠井南真経寺蔵、龍華年譜、本尊集19）。

正月二十一日　本尊を図し沙門法印日乗に授与する（東大阪宝樹寺蔵、本尊集20）。

正月二十八日　本尊を図し□賢院僧都□□へ授与（向日市法華寺蔵、本尊集21）。

二月十八日　本尊を図す（京都妙顕寺蔵、本尊集22）。

三月十三日　本尊を図し秀延へ授与する（尼崎本興寺蔵、本尊集23）。

三月十三日　本尊を図し信女妙樹尼へ授与する（岩本実相寺蔵、本尊集24）。

三月十三日　本尊を図し沙門学円へ授与する（京都本能寺蔵、本尊集25）。

閏六月十六日　本尊を図し大沙門妙実へ授与する（京都妙蓮寺所蔵、本尊集26）。

八月十七日　越の学円に本尊を与える（龍華年譜）。

元徳三年・元弘元年（南朝8／9改元）・元徳三年（北朝）　辛未（一三三一　六十三歳）

七月三日の大地震を受け、書を上って「二王並立の前徴」と諫奏する（龍華年譜）。

宗祖の身像を刻み、かつて授与された頭像と合わせ五十回忌の追福とする（龍華年譜）。

元弘二年（南朝）・元徳四年・正慶元年（北朝4／28改元）壬申（一三三二　六十四歳）

正月二十一日　本尊を図し沙門良桂房へ授与する（深草宝塔寺蔵、本尊集27）。

二月二十三日　本尊を図す（宇治直行寺、本尊集28）。

二月二十四日　本尊を図し一結講衆へ授与する（南北真経寺蔵、本尊集29）。

二月二十五日　本尊を図す（山梨上沢寺所蔵）。

二月二十五日　本尊を図す（形木）。

二月　守本尊を図し日感へ授与する（鳥取県感応寺所蔵）。

九月十二日　本尊を図し備前国住人助広へ授与する（個人蔵、本尊集30）。

元弘三年（南朝）・正慶二年（北朝）　癸酉（一三三三　六十五歳）

正月三日、本尊を図し天下泰平国家安穏を祈る（龍華年譜）。

二月二十四日　鶏冠井三郎四郎に本尊を授与する（龍華年譜）。

閏二月十三日　本尊を図す（京都立本寺蔵、本尊集32）。

三月五日　大塔宮の令旨を受け、後醍醐天皇還幸を祈願する（龍華秘書P134）。

五月十二日　重ねて将軍宮令旨を受け、祈祷の報償として妙顕寺に尾張国松葉庄・同国小家郷・備中国穂太庄の三ケ所の寺領を寄進される（妙顕寺古文書74・76）。

夏　七十五枚継大曼荼羅を図し備前の信徒に授与する（岡山蓮昌寺蔵、本尊集33、龍華年譜）。

　このころ西国弘通のため弟子大覚妙実を備前・備中方面へ下向させる。

元弘四年・建武元年（1／29改元）　甲戌（一三三四　六十六歳）

二月八日　本尊を図し宗弘に授与する（京都本能寺蔵、本尊集34）。

四月十四日　後醍醐天皇より綸旨を受け、「妙顕寺は勅願所」として「一乗円頓の宗旨を弘」めることを公認される（妙顕寺古文書9）。翌日、綸旨を写し西国の大覚妙実へ送る（妙顕寺古文書6）。関東の日法や日輪にも綸旨案を送る。

六月十二日　岡宮の日法より返書を送られ、一宗の綸旨により「日蓮聖人の御本懐」が「上聞に達」したと祝福される（妙顕寺古文書51）。

六月十四日　鎌倉の日輪より、「一乗弘通綸旨案」の返書を送られ、「先師両聖人の御本意」が「天聴に達した」と祝福される（妙顕寺古文書3）。

七月二十三日　本尊を図し三家大妙に授与する（京都本能寺蔵、本尊集35）。

九月二十日　本尊を図し僧日饒に授与する（守山本像寺蔵、本尊集36）。

建武二年　乙亥（一三三五　六十七歳）

三月五日　本尊を図し僧妙意へ授与する（滝谷妙成寺蔵、本尊集37）。

三月十三日　本尊を図し妙雲へ授与する（鶴崎法心寺蔵、本尊集38）。

四月七日　本尊を図し妙証へ授与する（宇和島妙典寺蔵、本尊集39）。

七月十五日　三位公を免じたことについて、日法・日厳・日弁・乗慶・日円より請書を出させる（妙顕寺古文書92）。

建武三年・延元元年（南朝2／29改元）・建武三年（北朝）丙子（一三三六　六十八歳）

正月二十一日　本尊を図し沙門周縁へ授与する（身延久遠寺蔵、本尊集40）。

二月十四日　本尊を図し愛若丸へ授与する（京都妙覚寺蔵、本尊集41）。

二月　本尊を図し正覚へ授与する（京都妙覚寺蔵、本尊集42）。

三月二日　本尊を図す（敦賀妙顕寺蔵、「最初具足山妙顕寺史」）。

三月十九日　本尊を図し国有へ授与する（京都妙覚寺蔵、本尊集43）。

六月二十六日　足利直義より御教書を受け将軍家御祈祷の事を依頼される（龍華秘書P156）。

七月十三日　本尊を図し信女法順へ授与する（鳥取県吉祥院所蔵）。

八月四日　足利直義より御教書を受け立壇祈祷を依頼される（龍華秘書P156）。

八月五日　本尊を図し僧実賢へ授与する（京都本能寺蔵、本尊集44）。

八月二十日　将軍家御祈祷の事についての御教書が法華寺権少僧都御房あてに下される。同日、将軍家御祈祷所法華寺へ禁制が下される（龍華秘書P156）。

八月二十三日　妙顕寺上人あてに祈祷の事についての御教書が下される（龍華秘書P157）。

九月六日　重ねて祈祷の事を謝する御教書を下される（龍華秘書P157）。

十一月六日　本尊を図し妙勤へ授与する（福井秀香寺蔵、本尊集45）。

十一月十三日　本尊を図し日善へ授与する（京都本隆寺蔵、本尊集46）。

本尊を図し法若女へ授与する（滝谷妙成寺蔵、本尊集48）。

建武四年　丁丑（一三三七　六十九歳）

四月四日　光厳上皇の院宣を賜り御祈祷所として丹誠を凝らすよう命じられる（龍華秘書P136）。

四月十七日　光厳上皇より重ねて院宣を賜る（龍華秘書P136）。

四月　本尊を図し僧正心へ授与する（福井妙泰寺蔵、本尊集49）。

五月十五日　少納言上房より殿下の御祈祷のことについての奉書を受ける（龍華秘書P144）。

暦応元年　戊寅（一三三八　七十歳）

六月十二日　本尊を図し明意に授与する（京都妙覚寺蔵、本尊集50）。

閏七月五日　大覚へ書状を送り、京中飢餓おびただしく七十余名で寺中にとどまっていると報じる（妙顕寺古文書62）。

十一月十五日　本尊を図し妙敏へ授与する（京都妙覚寺蔵、本尊集51）。

十二月十日　本尊を図し藤原某へ授与する（近江八幡妙経寺蔵、本尊集52）。

十二月二十九日　本尊を図し長圓へ授与する（滝谷妙成寺蔵、本尊集53）。

暦応二年　己卯（一三三九　七十一歳）

正月十三日　本尊を図し信女妙訓へ授与する（宮津妙立寺蔵、本尊集54）。

正月二十一日　本尊を図し沙門日乗房へ授与する（福井蓮尚寺蔵、本尊集55）。

四月二十四日　本尊を図し妙祐へ授与する（金沢蓮覚寺蔵、本尊集56）。

七月十四日　本尊を図し妙意へ授与する（鹿西町本土寺所蔵、本尊集57）。

十月二十九日　本尊を図し某へ授与する（京都立本寺蔵、本尊集58）。

暦応三年　庚辰（一三四〇　七十二歳）

正月元日　本尊を図す（能勢妙円寺蔵、本尊集59）。

正月二十一日　本尊を図し存真へ授与する（青柳昌福寺蔵、本尊集60）。

二月二十一日　本尊を図し阿子女へ授与する（深草宝塔寺蔵、本尊集61）。

二月三十日　本尊を図す（京都妙顕寺蔵、本尊集62）。

三月十三日　本尊を図し僧某へ授与する（京都本能寺蔵、本尊集63）。

三月十三日　本尊を図す（鯖江平等大会寺蔵、本尊集64）。

三月十四日　本尊を図し正心へ授与す（京都妙顕寺蔵、本尊集65）。

三月二十八日　本尊を図し沙門法印日乗へ授与する（佐渡根本寺蔵、本尊集66）。

四月十五日　本尊を図し貞覚へ授与する（鎌倉妙本寺蔵、本尊集67）。

五月十日　本尊を図し智玄へ授与する（京都妙伝寺蔵、本尊集68）。

八月四日　本尊を図し行位へ授与する（京都立本寺蔵、本尊集69）。

八月五日　大覚へ書状を送り、妙顕寺が院宣・御教書を賜って御祈願所として面目を表している様子を知らせる（妙顕寺古文書68）。

八月五日　本尊を図し法□へ授与する（江戸川区妙泉寺蔵）。

九月十五日　本尊を図し藤原松女へ授与する（京都立本寺蔵、本尊集70）。

十月十日　大法師日弁より起請文を取り妙顕寺の風儀に違背しないことを誓約させる（妙顕寺古文書93）。

十二月四日　本尊を図し藤原景定へ授与する（京都妙覚寺蔵、本尊集71）。

十二月十八日　本尊を図す（京都妙覚寺蔵、本尊集72）。

十二月二十一日　本尊を図し妙因尼へ授与する（松前法華寺蔵、本尊集73）。

十二月　本尊を図し暁忍へ授与する（広島国前寺蔵、本尊集74）。

暦応四年　辛巳（一三四一　七十三歳）

二月十四日　本尊を図し立円へ授与する（岩倉妙感寺蔵、本尊集75）。

二月二十六日　本尊を図し日心へ授与する（京都妙覚寺蔵、本尊集76）。

七月十六日　越前今宿妙勧寺の妙文に書状と祖師像を送る（龍華秘書P40）。

七月二十四日　「禁制条々」六箇条を定め、大覚へ授与する（妙顕寺古文書71）。

八月九日　光厳上皇より今小路の替地として四条櫛笥西頬地一町の替地を賜り妙顕寺を移転（龍華秘書P136）。

九月十七日　大覚へ書状を送り、行方知れずの乙若丸の消息を尋ねる（妙顕寺古文書69）。

十月三日　本尊を図し林正三へ授与する（津山蓮光寺蔵、本尊集77）。

暦応五年・康永元年（4／27改元）　壬午（一三四二　七十四歳）

五月十五日　本尊を図す（京都本圀寺所蔵）。

この年、宗祖入滅の干支を記念して身延・池上・平賀に詣で秋帰京（龍華年譜）。

七月一日　本尊を図し暁忍寺へ授与する（広島国前寺蔵、本尊集78）。

八月二十一日　本尊を図し沙門祐弘へ授与する（豊岡立正寺蔵、本尊集79）。

八月二十九日　本尊を図し妙蓮へ授与する（深草瑞光寺蔵、本尊集80）。

九月十八日　本尊を図し沙門良玄へ授与する（平賀本土寺蔵、本尊集81）。

十月二十六日　大覚へ書状を送り、妙性など六人のことを依頼する（妙顕寺古文書70）。

十一月八日　大覚へ譲状を与え、妙顕寺を譲る（妙顕寺古文書7）。

十一月十三日　寅の刻、七十四歳で遷化（歴代略伝）。深草に荼毘し葬られる（本化別頭仏祖統紀）。

※補注　像師の初度の洛外追放を命じた「後宇多上皇院宣」は、従来『龍華秘書』『日像門家分散之由来記』によって徳治二年（一三〇七）五月二十日とされ、この「ゐんせん」のことに触れた七月十七日付「日朗書状」も同年に系けられていたが、近時、坂井法曄氏により、『亀山殿御談義雑記抜萃』所収の徳治三年（一三〇八）五月二十日付「後宇多上皇院宣案」（『続群書類従』三一輯下四一七頁、『鎌倉遺文』二三二五九号）との関連から、「徳治三年に比定すべき」との指摘がなされている（「『立正安国論』奏進と日蓮の国王観再論」『日蓮仏教研究』一〇号二四六頁、平成三十一年）。『亀山殿御談義雑記抜萃』は同時代史料として信憑性があり、五月二十日の年月日が偶然の一致でないとすれば宗門の伝承が誤りということになろう。ただし『亀山殿御談義雑記抜萃』所収の院宣は、戒律違犯の念仏衆と諸経誹謗の法華衆の両者を洛外追却の対象とするもので、「日像」の名がないなど（注記では徳治二年三月十三日「日弁申状」に触れる）、『龍華秘書』所収の院宣とは文言がかなり異なっており、別文書の可能性も考えられる。いずれにせよ坂井氏の指摘どおり、『亀山殿御談義雑記抜萃』は像師に始まる日蓮宗の宗義天奏を記した朝廷側の最初の史料として注目すべきものである。

京都妙覺寺蔵日蓮大菩薩日像菩薩絵伝

定価二〇〇〇円＋税
令和三年二月十六日発行

発行者　京都　本山　妙覺寺
貫首　宮　﨑　日　嚴
〒六〇二－〇〇〇七
京都府京都市上京区新町頭鞍馬口下ル
下清蔵口町一三五
電話〇七五－四四一－二八〇二

編　集　常円寺日蓮仏教研究所
所長　及　川　真　介
〒一六〇－〇〇二三
東京都新宿区西新宿七－十二－十二
電話〇三－三三七一－二二八八

印　刷　株式会社　イーフォー
〒一四一－〇〇三一
東京都品川区西五反田八－七－十一
電話〇三－三七七九－一一四〇

販売所　株式会社　平樂寺書店
〒六〇四－八一八四
京都市中京区東洞院通三条上る
曇華院前町四四九　カーサロータス一階
電話〇七五－二二一－〇〇一六

ISBN 978-4-8313-8304-4